十讲 陈列展览设计

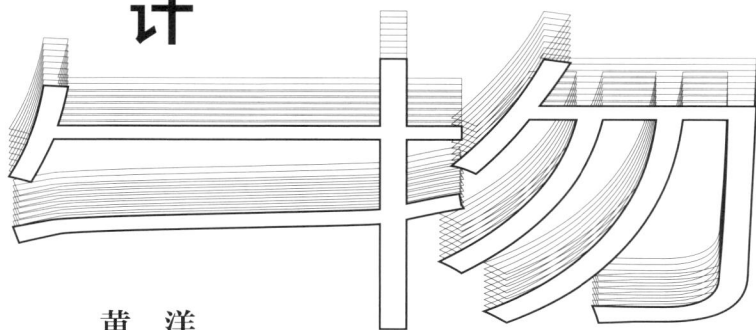

博物馆

黄　洋
陈红京
　著

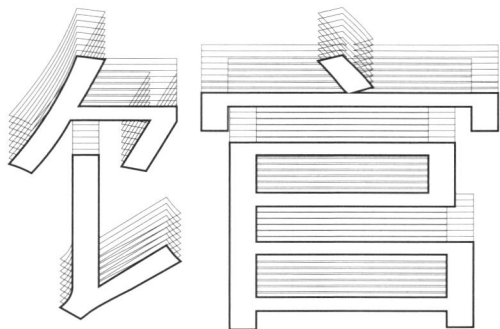

上海交通大学出版社
SHANGHAI JIAO TONG UNIVERSITY PRESS

内容提要

　　本书内容涵盖了博物馆陈列展览的内容策划、形式设计、布展施工三大部分，从理论到实践、从抽象到具体，对博物馆陈列展览的各部分进行阐述。希望能够让文博专业学生和行业工作者了解陈列展览理论，在实践过程中做到有据可循。

　　本书也可作为考古学、文物与博物馆学专业及其他相关专业的教材使用。

图书在版编目（CIP）数据

博物馆陈列展览设计十讲 / 黄洋，陈红京著 . 一上
海：上海交通大学出版社，2019（2025重印）
ISBN 978－7－313－21144－6

Ⅰ.① 博…　Ⅱ.① 黄…　② 陈…　Ⅲ.① 博物馆－陈列
设计－高等学校－教材　Ⅳ.① G265

中国版本图书馆 CIP 数据核字（2019）第 066945 号

博物馆陈列展览设计十讲

著　　者：黄　洋　陈红京
出版发行：上海交通大学出版社　　　　　　　地　　址：上海市番禺路951号
邮政编码：200030　　　　　　　　　　　　　电　　话：021-64071208
印　　制：上海万卷印刷股份有限公司　　　　经　　销：全国新华书店
开　　本：710mm×1000mm　1/16　　　　　印　　张：16.75
字　　数：265千字
版　　次：2019年9月第1版　　　　　　　　　印　　次：2025年1月第7次印刷
书　　号：ISBN 978－7－313－21144－6
定　　价：58.00元

目　录

绪　论 / 001

　　第一节　博物馆学与博物馆信息传播 / 003

　　第二节　博物馆陈列展览的"物"与"人" / 009

　　第三节　博物馆陈列展览相关概念 / 011

第一讲　博物馆陈列展览历史回顾 / 017

　　第一节　基于简单分类的陈列方式（18 世纪中叶以前）/ 019

　　第二节　基于科学分类学的陈列方式（18 世纪下半叶至
　　　　　　19 世纪上半叶）/ 022

　　第三节　通俗型陈列的缘起与推广（19 世纪下半叶）/ 028

　　第四节　标准化运动时期（20 世纪上半叶）/ 033

　　第五节　无橱窗化趋向（20 世纪 70 年代以来）/ 036

第二讲　博物馆陈列展览类型 / 041

　　第一节　按陈列展览的时间分类 / 043

　　第二节　按陈列展览的场所分类 / 045

　　第三节　按陈列展览的传播目的分类 / 048

　　第四节　按陈列展览的手法分类 / 050

第三讲　博物馆陈列展览与其他业务工作关系 / 055

　　第一节　收藏——博物馆陈列展览的根基 / 057

　　第二节　保管——博物馆陈列展览的保证 / 061

第三节　研究——博物馆陈列展览的支撑 / 064

第四节　教育——博物馆陈列展览的延伸 / 067

第四讲　**博物馆陈列展览流程 / 069**

第一节　博物馆陈列展览的构成要素 / 070

第二节　博物馆陈列展览基本流程 / 102

第三节　博物馆陈列展览实施模式 / 110

第四节　内容策划与形式设计关系 / 113

第五讲　**博物馆陈列展览内容策划步骤与方法 / 115**

第一节　研究确定展览选题 / 116

第二节　收集分析相关资料 / 118

第三节　熟悉藏品后诠释"物" / 121

第四节　展览传播目的设定 / 128

第五节　撰写陈列展览大纲 / 130

第六节　展览脚本及其编写 / 131

第七节　展品的说明牌撰写 / 133

第八节　内容的审查与备案 / 139

第六讲　**博物馆陈列展览形式设计实施 / 143**

第一节　陈列展览形式设计的作用与原则 / 145

第二节　形式设计的步骤与方法 / 147

第三节　陈列展览工作的组织管理 / 157

第七讲　**博物馆陈列展览的光与色 / 161**

第一节　博物馆陈列展览的光 / 162

第二节　博物馆陈列展览的色彩 / 173

第八讲　博物馆陈列展览的施工、开放与评估 / 179

第一节　陈列展览的施工组织设计 / 180

第二节　陈列展览的工程监理 / 181

第三节　陈列展览的竣工验收审计 / 182

第四节　陈列展览的评估 / 184

第九讲　博物馆陈列语言 / 187

第一节　陈列语言的概念和性质 / 189

第二节　基于陈列语言的陈列方式评估 / 196

第三节　要素分类与组合结构 / 202

第四节　解读过程与运用原则 / 225

第五节　规律性地归纳与总结 / 228

第十讲　博物馆展示新理念 / 233

第一节　从"幕后"到"台前" / 234

第二节　库房式展示 / 241

第三节　对比与融合 / 245

第四节　参与式展览 / 247

第五节　博物馆展示的泛化 / 252

绪　论

　　19世纪末期中国开始出现公共博物馆，百余年来，我国博物馆的数量和质量都有显著提升，博物馆学也日益受到重视。中国大学的博物馆学教育在民国时期就已经开始。1978年，杭州大学向国家文物局申请创办文物与博物馆学本科专业；1979年，南开大学得到教育部批准，创建博物馆学本科专业，1980年秋在历史系正式招收本科生，此是1949年后首次将博物馆学专业纳入大学本科正规招生教育体系之开端。几十年来，博物馆学的学科地位一直很尴尬。1983年的《高等学校和科研机构授予博士和硕士学位的学科专业目录（试行草案）》中没有博物馆学这个二级学科，1990年单列为二级学科，1997年考古学与博物馆学两个二级学科合并，2011年考古学升级为一级学科之后，博物馆学没有像1990年那样单列为二级学科，反倒地位下降，与文化遗产合并成了一个考古学之下的二级学科。更为不妥的是，"博物馆学"变成了"博物馆"，少了一个"学"字意义大相径庭，博物馆学是个学科，而博物馆是机构名称。

　　关于博物馆学的学科类属问题，根据《中华人民共和国学科分类与代码国家标准》（GB/T 13745—2009），一级学科"870图书馆、情报与文献学"下设二级学科"87050博物馆学"。这也形成了中国博物馆学在教育系统和科研系统分别属于不同一级学科的现状。在《中国图书馆图书分类法》中，"G2信息与知识传播"下设"G26博物馆学、博物馆事业"。在我国大学的教学中，博物馆学专业通常与考古学专业一并属于历史学院，而科研方面，博物馆学则与图书馆学、情报学、档案学同属一类，显得非常混乱，给教学科研都带来不利。

目前全国开设有文物与博物馆学专业的高校有六十余所，但各学校都普遍缺乏师资和专业教材。大部分学校博物馆学方面的课程都开设有"博物馆学概论""博物馆藏品管理""博物馆陈列展览""博物馆社会教育"等，"博物馆学概论"原有王宏钧先生主编的《中国博物馆学基础》作为教材，现有陈红京教授等编著的"马工程"教材《博物馆学概论》，而其他几门专业课几乎没有特别合适的教材。本书从博物馆陈列展览的基础概念出发，回顾博物馆陈列展览发展历史，从陈列展览工作流程角度理论结合实践进行全面分析，以期让大家对博物馆陈列展览有个全面的了解。

第一节

博物馆学与博物馆信息传播

荷兰学者彼得·冯·门施（Peter van Mensch）在1994年提出博物馆学属于信息科学，他认为博物馆学的关键点是信息。博物馆的物是信息的载体[1]。的确，博物馆可以被理解为一个传播系统，特别是博物馆的陈列展览，就是博物馆向公众传播的重要媒介之一。

西方博物馆学者根据博物馆传播的特性，构建了博物馆信息模式图。1968年，邓肯·卡梅隆（Duncan Cameron）发表了《作为传播系统的博物馆和博物馆教育的启示》[2]，最早提出博物馆传播模式的研究，他将美国数学家克劳德·艾尔伍德·香农（Claude Elwood Shannon）1949年提出的信息论传播模式引入到博物馆传播的研究中来，构建了最早的博物馆信息传播模式（见图绪-1）。他认为，在博物馆的传播模式中，策展人员就是传播者，观众就是接收者，而实物就是媒介，这也是博物馆传播不同于其他大众媒介的地方。而且一个博物馆有很多传送者、媒介和接收者。

后来，卡梅隆认为在博物馆传播模式中增加一个反馈环节非常重要，这是进行展览传播有效性研究的基础，因此他在原有传播模式图的基础上增加了反馈环节，构建了一个新的传播模式（见图绪-2）。信息由观众反馈给策展者，有助于传播者修改传播策略。反馈也可以让观众将其自己的理解与预期传播的信息进行比较，以此来看信息是否正确有效地被接收。这个模式在博物馆领域比较有影响力，很多学者都赞同卡梅隆的看法，认为博物馆信息传播是大众传播的一支，也应遵循大众传播的一般规律。博物馆观众可以看作是特定传播系统的一部分，他们是信息的接收

---

1. 王宏钧主编：《中国博物馆学基础》，上海古籍出版社，2001年，第9页。

2. Duncan Cameron, A Viewpoint: The Museum As a Communications System and Implications for Museum Education, *Curator*, No.18, 1968, pp.33-40.

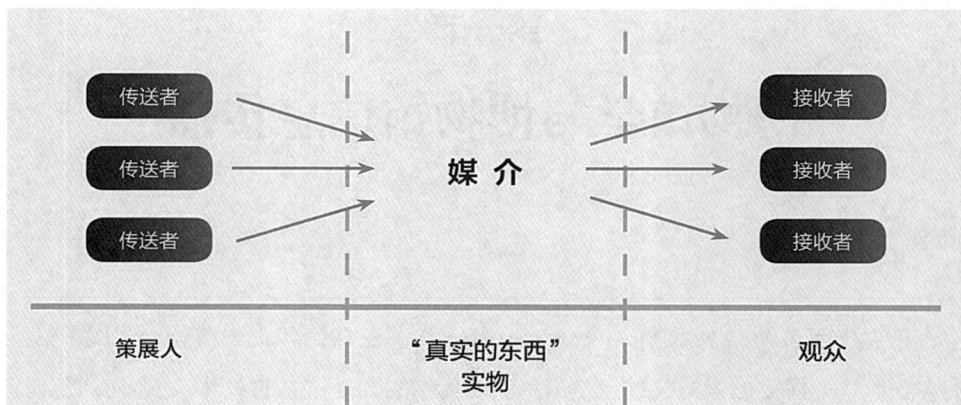

图绪-1　卡梅隆的简单的博物馆信息传播模式图

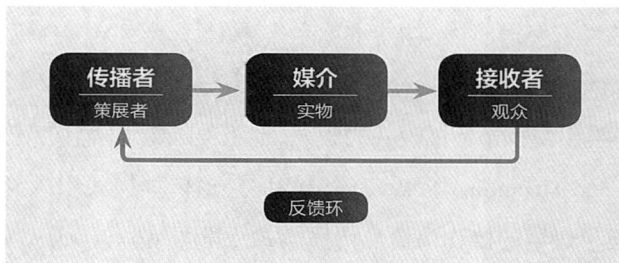

图绪-2　带有"反馈环"的卡梅隆的博物馆信息传播模式图

者，博物馆工作人员通过展览这个媒介传递信息给观众。为了知道信息是否被接收和理解，博物馆必须通过观众反应这个反馈渠道来完成传播过程。今天的博物馆工作人员还是要考虑怎样有效地把信息传播给观众，观众也会想哪些信息对自己有用，随即将这些有用信息纳入自己的经验范围之内，因此，这个看似简单的传播模式在今天依然有着重要意义。但是这个传播模式也存在着一些问题，我们应该加以注意。该模式是一个线性传播模式，认为传播行为开始于发送者，传播者的意图限定了传播事件的意义，并且这个模式假定接收者在认知上是被动的。

　　1970年，克内兹（Knez）和赖特（Wright）对卡梅隆强调博物馆中物体作为媒介的观点提出质疑，他们认为应该对博物馆进行区分，比如文字符号（书面或口头语言）在科学博物馆展览中占据重要地位，而对于艺术博物馆来说，物体则更为重要。博物馆传播的主意功能是知识认知，至少在科学博物馆中是这样。他们创造了适合于科学博物馆的博物馆传播模式（见图绪-3）[1]。该模式认为观众是消极和被动的，由于许多个人和社会因素，如他们的背景、文化假定、知识水平和参观博物馆的个人议程等，观众仍然不能积极主动地诠释他们的经验。

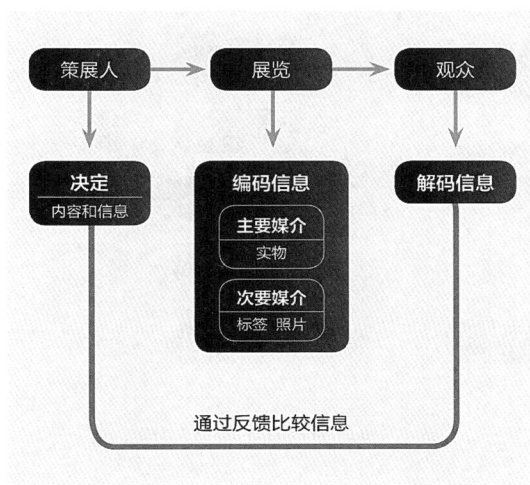

图绪-3　克内兹和赖特的博物馆信息传播模式图

1985年，迈尔斯（Miles）以博物馆展览的工作流程为基础，从准备、实施、开放后三个阶段构建了博物馆信息传播模式图（见图绪-4），并将前期调研、形成评估、总结评估融入进来。总体上看，该图并未把握博物馆信息传播的实质特点，不像是信息传播模式图，更像是博物馆展览业务工作流程图。

1990年，艾琳·胡珀-格林希尔（Eilean Hooper-Greenhill）依据符号学家乔治·穆南（Georges Mounin）的理论，从"相关性（pertinence）"的概念出发，构建了一个新的博物馆信息传播模式（见图绪-5）[2]。在这个传播模式中，"传播者"被一个团队所取代，涵盖了策划者、设计师、保管人员和观众的兴趣。"接收者"被认为是他或她自己经验意义的积极创造者，他们的先前知识、态度和价值观都将

---

1. Eilean Hooper-Greenhill, Communication In Theory and Practice, In Eilean Hooper-Greenhill, ed., *The Educational Role of the Museum:Second Edition*. London and New York: Routledge, 2007, pp.28-43.

2. Eilean Hooper-Greenhill, A New Communication Model for Museums, In Gaynor Kavanagh, ed., *Museum Languages:Objects and Texts*. Leicester, London and New York: Leicester University Press, 1991, pp.49-61.

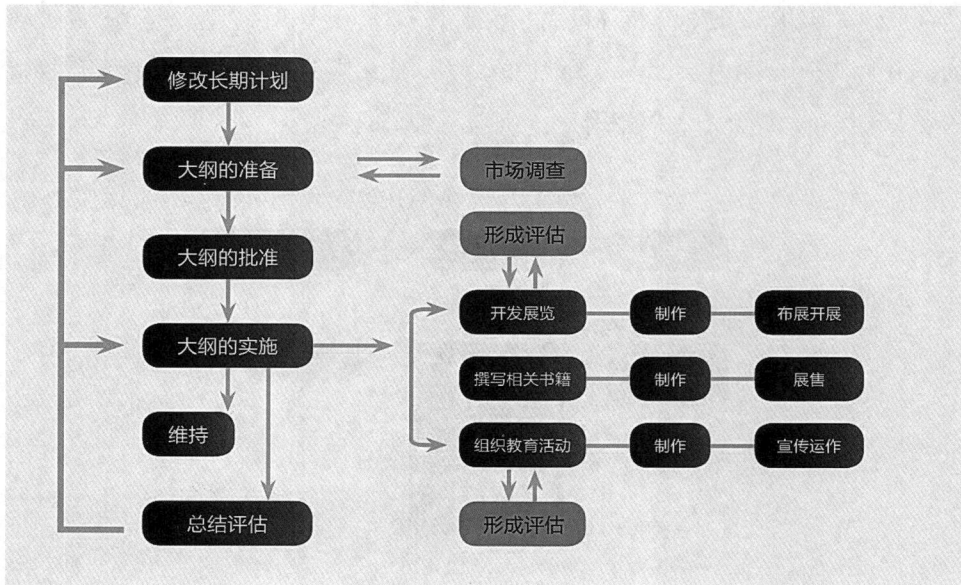

图绪-4 迈尔斯的博物馆信息传播模式图

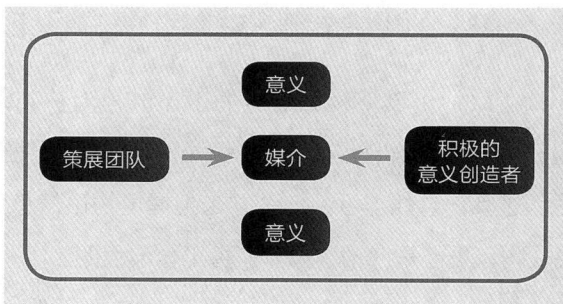

图绪-5 艾琳·胡珀—格林希尔的博物馆信息传播模式图

有助于理解。"媒介"被认为是传播者和理解者的中间地带（middle ground），大量的、各种各样的并且有可能冲突的意义在这里不断被创造和再创造。这个中间地带并不是固定的，而是经常变动的。每一个新的理解者都对预期的传播进行新的解释。中间地带包括了博物馆的所有传播媒介：建筑、人、展览、物体、咖啡厅、洗手间等等。博物馆的意义并不仅限于对展览或陈列的解释，在咖啡厅或信息服务台获得的良好体验也会影响对博物馆人工制品意义的理解。就媒介而言，博物馆通过实物媒介传播是博物馆的最大特征，艾琳·胡珀-格林希尔认为"博物馆作为一个传播信息的渠道，实际上是与其他渠道并无二致的。但它能够非常有效地做到的，却是提供给受众对'实物'的独特体验，从而激发他们深入学习与此相关的事实"[1]。

该传播模式虽然简单，但飞跃性的进步就是充分认识到了观众的主观能动性。大众传播学中受众一词是从英文 audience 翻译而来，具体到某种媒体，可以是观众、听众等。传播学的研究从"传者本位论"到"受众本位论"的变化说明了受众研究的重要地位和意义。对于受众的研究，有助于调整传播策略，取得更好的传播效果。博物馆的观众同样如此，他们远非策展人和博物馆工作人员想象的那样是被动、机械，易被操纵的，大多观众来到博物馆是主动的、有主见的，有着自己的议程[2]。博物馆观众在传播过程中，对信息并非是全盘接受，而是有选择地接受，再结合自己的先验经验来理解对自己有用的信息。对观众来说，受传过程也是一个选择过程。这种选择包括选择性注意、选择性理解和选择性记忆。传播过程中，观众会接收到很多信息，但是却不会把所有的信息都牢牢记住，他们只会对自己感兴趣的、对自己有利的信息加工后进行记忆。

博物馆的信息传播可分为两个不同的模式路径：一是现实的传统传播模式，二是未来的理想传播模式。就前者而言，博物馆作为传播主体，诠释物后，通过信息、符号等构建了文本，此文本即是原初意义世界，是传播的媒介。观众作为传播过程的接收者，在接收信息、感受原初意义世界后，会结合自己的先验经验，对信息进行选择性记忆，继而加工再创造，生成一个对观众而言的新生意义世界。观众通过自己的新生意义世界对博物馆有所期待、建议，反馈给博物馆。如此循环往复，促进博物馆的发展与观众自身的进步。

就后者而言，博物馆同样是传播主体，通过前期调研、诠释物，形成文本，即最初意义世界。而观众在此传播模式中不再是被动接收者，而是最初意义世界的参与构建者，在策划展览大纲、教育活动的过程中参与进来，博物馆和观众共同构建了原初意义世界。博物馆是为社会及社会发展服务的教育机构，概括地说，博物馆的使命即是通过文本推动社会发展。而观众在解读文本的过程中，结合自己的先验

---

1. Eilean Hooper-Greenhill, *The Educational Role of the Museum*. London and New York: Routledge, 1994, pp.1.
2. Eilean Hooper-Greenhill, *The Educational Role of the Museum*. London and New York: Routledge, 1994, pp.73.

经验，看到物背后的意义，完善自己的知识体系，更好地立足于社会。因此在博物馆完成使命和观众实现自我的双重作用下，原初意义世界升华为共生意义世界，这个升华的过程也是物的人化，人的精神化实现的过程。此共生意义世界的价值所在就是推动社会发展（见图绪-6）。

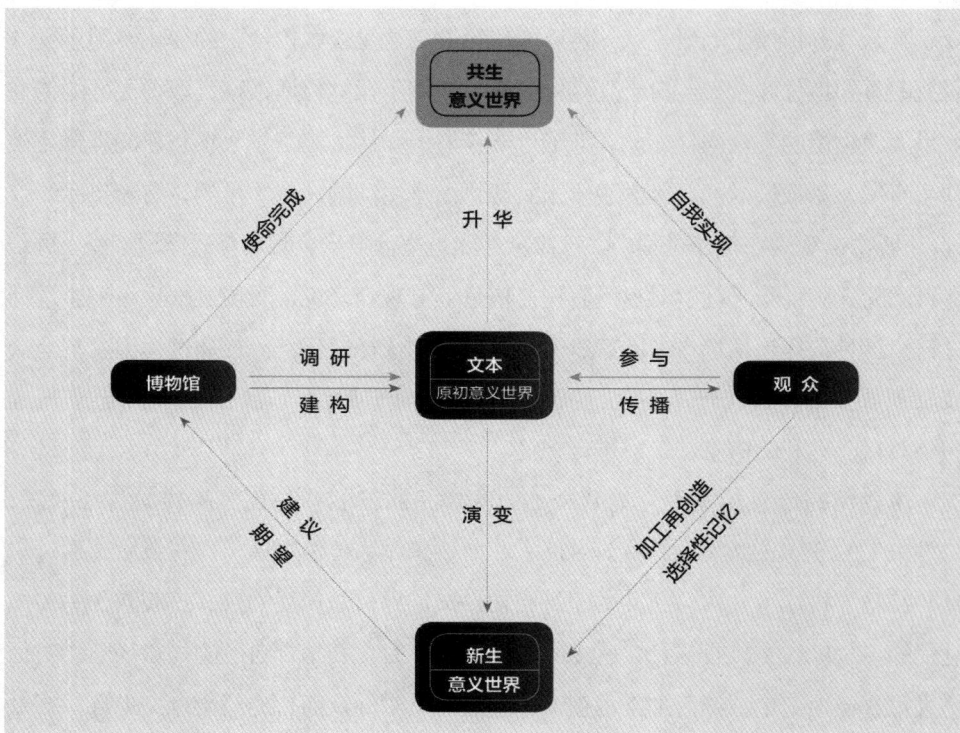

图绪-6　本书的博物馆信息传播模式图
（黄洋 绘制）

第二节

博物馆陈列展览的"物"与"人"

"物"与"人"是博物馆的两大关注对象，收藏物是解释博物馆为什么存在，而服务人则体现了博物馆为谁存在。"收藏"是博物馆的基础职能，"物"不会自动进入博物馆，要征集部门主动去收集；"物"有遭受自然或人为损伤，乃至散失的可能性，需要运用物理、化学等自然科学手段加以保存，并建立一套完善的管理制度。然而，博物馆不是为了收藏而收藏，收藏的目的在于利用。保存的最佳方法是将藏品封存锁闭，而利用却要将藏品公之于众，这显然是一对矛盾。因而有学者提出，博物馆的特殊矛盾就是保存与利用的矛盾。

那么，博物馆是否就只存在保存与利用这一对特殊矛盾呢？正如博物馆并非只有收藏职能一样，我们也不能说保存与利用是博物馆唯一存在的特殊矛盾。任何时候都不应忘记，博物馆是人类社会的产物，人类之所以要保存某些"物"，是期待它们能对人类本身产生有益的影响。保存是手段，利用才是目的。用行话来说，藏品保管是博物馆的基础职能，社会教育是博物馆的最终职能。

正因为有社会教育职能，博物馆才与研究机构或物品仓库区别开来。其实在博物馆的社会教育职能中，还包含着一对特殊矛盾，这就是"物"（主要指展品）与"人"（主要指观众）之间认识论上的矛盾，因为我们人类并不是只要看到什么东西就能自然理解其内涵意义的。既然社会教育是博物馆的最终职能，那么对"物"与"人"这对矛盾的研讨，其必要性应不亚于对"保存"与"利用"这对矛盾的研讨。相比而言，保存科学研究是在运用理工科已有技术成果基础上展开的，更多地带有演绎性质；社会教育职能研究所面对的却是一个人们平时不太关心的课题，内中含有更多的归纳性色彩，它是博物馆学研究的重点。

世界上的科学体系分为纯粹研究"物"的自然科学，和研究人以及与人有关问题的人文社会科学。自然科学历史悠久，并愈益分化，其重点在"物"本身，按自然科学规律去研究，并不重视人。而社会科学以"人"为重点，客观存在总与人相关，实际上不可能只有"物"存在，也不可能只有"人"存在。研究"人"固然需要"物"，研究"物"也必然是与"人"有关的"物"。深入探讨"人"怎样通过"物"来认识世界的，只有博物馆学。专门研究"物"或"人"的，在社会上都有专门学科和机构，而博物馆学的这项内容却不见于其他机构，若博物馆自己不去研究，在社会上找不到现成答案，也就很难办成理想的博物馆。这样讲也许不太好理解，下面转而从传播学角度看待这个问题，或许更简明易懂。

以博物馆形式使"物"与"人"结合，其意义不在于物理方面，也不在于生理方面，而在于心理方面。博物馆是一种社会教育机构，因而也可视为一种类似于大众传播机构的设施。博物馆教育传播的特点是，博物馆工作者以实物资料为主要媒介向广大观众传达特定的信息，隐藏在观众参观这一具体现象背后的，正是以实物为主要中介的信息传递过程。在博物馆里，"物"与"人"结合的主要形式，就是陈列展览。

博物馆物与人的关系，简单地说就是博物馆诠释物来激发人，反过来，激发人是为了更好地诠释物。即博物馆通过对物的解读，将物的信息传播给观众，让观众结合其先前的知识获得新的升华。而且观众会从他自己的理解角度，对物进行新的解读，从观众的视角理解物。

第三节

博物馆陈列展览相关概念

一、广义的展示设计

展示设计现在已成为约定俗成的行业术语，但是我们应该将其分解开，逐字深入理解。先说展示。展，意思是张开，舒张开；示，则为表明，把事物拿出来或指出来使别人知道。展示合在一起也就是说将某项内容展开，并使别人知道，实现预期的效果。自然界中的现象如植物开花、孔雀开屏等是动植物的展示；人类则通过展示来传达信息。

我们再来看看设计。设，即设想，头脑中有想法；计，即计划，把想法有计划地落地实现。设计是把设想有计划、有规划地通过某种形式传达出来并实现的过程。

那么合并在一起，什么是展示设计呢？展示设计是指运用科学的组织策划和先进的设计手法，采用合理的视觉传达手段、恰当的色彩及设计元素和特殊的采光照明方式对某个空间进行创造，同时借助展具等设备设施，达到有效地向观众传达信息的目的，以期对观众的心理、思想与行为产生影响。可以看出，展示设计并非简单地将展品摆出来给观众看，而是经过有计划、有目的的设计后，将信息传达给观众。展示设计以物与人的关系为中心展开，必须充分考虑人的生理和心理因素。展示设计需要达到三个目的：创造良好的陈列空间和展示环境；创造最佳的陈列方式和展示形象；创造和谐的人机关系和人际关系[1]。

随着社会的发展，展示设计的内涵与外延也在不断变化。通常来说，展示设计可以分为展（博）览会设计、商业空间设计、博物馆美术馆科技馆等主题展馆设计、节庆环境设计和演艺环境设计。博物馆陈列展览设计属于展示设计的范畴，只

---

1. 李梦玲、邱裕主编：《展示设计》，清华大学出版社，2011 年，第 1 页。

是限定在博物馆的特殊性上展开讨论。所谓特殊性，主要从博物馆的性质说起，博物馆是一个为社会及其发展服务的、向公众开放的非营利性常设机构，为教育、研究、欣赏的目的征集、保护、研究、传播并展出人类及人类环境的物质及非物质遗产。教育是博物馆的首要功能，因此博物馆的陈列展览在本质上必须具备一定的教育性内容，以传播信息、教育公众为首要目的，并且要保证所展示传播信息的科学性，这区别于其他场所举办的陈列展览。博物馆的陈列展览必须要想清楚两个问题：举办该展览的教育目的是什么？如何达成此教育目的？一般的陈列展览虽然也展出一些观众尚未知道的事物，使观众感兴趣，并了解学习新知识，也有教育性，只不过教育性要素占据派生的位置。例如商业展示的主要目的在于促销，艺术家举办个人作品展可能是想提高自身声望，即使是作为正规教育机构的学校举办展览，也可能是为了宣传自己学校的历史或科研教学成果等。而博物馆作为公益性的公共文化服务机构，观众是博物馆的服务对象与公共文化的受益者。正由于博物馆陈列展览的主要目的不同于其他场所的陈列，因而在展示设计观念原则及具体方式方法上与其他陈列有所不同。这也是我们单独讲解博物馆陈列展览的必要之处。

二、博物馆陈列展览

博物馆陈列展览相关的概念很多，如罗列、陈列、展览、展示等。在行业术语上，有博物馆陈列、博物馆展览、博物馆陈列展览、博物馆展览展示等说法，文博行业内很少细究这些词语的差别，但为了用语规范，仍有必要做以区分。

20世纪80年代，编纂《中国大百科全书·文物 博物馆》时，专家曾对陈列展览的概念问题有过一番争论。有学者从理论角度认为陈列和展览实际上是一回事，因而应选用其中一个词来统一术语。但也有学者从实践角度看问题，认为两者的所指区别明显，因为我国博物馆学主张，陈列也称为基本陈列，系指与本馆性质和任务相适应的、有自己的独有展品和陈列体系的、内容比较固定和常年对外开放的陈列。而展览也称为专题展，系指内容专一、小型多样、短期展出、可以经常更换的展览。最终《中国大百科全书·文物 博物馆》选用了"陈列"一词作为统一术语，并以"基本陈列"和"临时陈列"替代了以往"陈列"和"展览"的概念。这是十分可取的，但遗憾的是这一提法（尤其"临时陈列"一词）并没能在业界普及开来。《中国大百科全书·文物　博物馆》对博物馆陈列所作的定性叙述是"以文物、标本和辅助陈列品的科学组合，展示社会，自然历史与科学技术的发展过程和规律或某一学科的知识，供群众观览的科学、艺术和技术的综合体"。陈列是博物馆进行社会教育活动的主要手段，它集中反映了博物馆的性质和类型，体现了博物馆藏品、科学研究和管理工作的水平，是博物馆各项业务工作的综合成果，也是衡量博物馆质量高低的重要标志。《中国博物馆学基础》中对陈列的论述是"博物馆陈列是在一定的空间内，以文物标本为基础，配合适当辅助展品，按一定主题、序列和艺术形式组合成的，进行直观教育和传播信息的展品群体"[1]。

据傅振伦先生回忆，1935年，当中国博物馆协会成立之际，北平图书馆在北海团城承光殿举办《欧美博物馆展览》。该次展出虽属临时展览性质，而1936年，中华图书馆协会与中国博物馆协会在青岛召开联合年会时，大会宣布通过议案《三十五案》，其中有博物馆陈列[2]，而未使用展览、展示。可见中国博物馆学界早期其实就陈列、展览两词是有区分的。陈列和展览只是同一类事物的不同存在方式，主要是相对稳定（长期）与变化多端（短期）的区别，尽管两者在设备乃至工作规模上有所不同，但这不能算本质区别。完全可以用其中一个术语加上长期或短期的限定词构成不同的专业术语，来分指陈列和展览现象。陈列和展览两词相叠，作为一个专业术语，某种程度上确实显得十分累赘。近年来，国家文物局在文件中也使用陈列展览一词，如2015年发布的《关于提升博物馆陈列展览质量的指导意见》（文物博函〔2015〕25号），故本书也采用约定俗成的博物馆陈列展览的说法。

讨论陈列和展览的区别，只限于基础理论建设的意义，而更具现实意义的是要明确"陈列"与"罗列"的区别。就博物馆而言，把藏品摆放出来供人们观看，陈列和罗列并无区别。但在摆放时，若没有一定的目的性、思想性、计划性和解释性，则会使展品停留在杂乱无章的水平上，这与其叫陈列，不如称之为"罗列"。相反，摆放时带有目的性、思想性、计划性和解释性，才能称为"陈列"，唯有如

---

1. 王宏钧主编：《中国博物馆学基础》，上海古籍出版社，2001年，第246页。
2. 高崇理、傅振伦：《旧中国博物馆协会忆往》，见中国自然科学博物馆协会编著：《博物馆学新编》，江苏科学技术出版社，1983年1月第1版，第519—522页。

此，才能使不会说话的"物"说话。陈列与罗列，虽仅一字之差，但用来评估博物馆陈列工作时却有天壤之别。

英语中，与陈列展览相关的词汇为display、exhibit和exhibition。display一词多做动词，意思是展示、表露或陈列某事物，作为名词时，其意思为展示、表露、陈列或陈列的货物、艺术品。《中国大百科全书·文物　博物馆》中就将"博物馆陈列"翻译为"museum display"。exhibit既作动词也作名词，前者意为展览品、陈列品，后者指当众显示或展出（某物）。由此变化的exhibitor则为展出者、参展者。而exhibition基本做名词使用，意为展览品、展览、展览会[1]。如此看来，display和exhibition其实在使用上也很难严格区分。蒂莫西·阿姆布罗斯（Timothy Ambrose）、克里斯平·佩恩（Crispin Paine）著的《博物馆基础》（第三版）（*Museum Basics* 3rd Edition）第36单元的标题即为"Planning new displays and exhibitions"[2]，同时使用了这两个词，可以看出两个词意义确实不同，否则不会并列使用。书中进一步解释时使用了"displays and temporary exhibitions"，可以看出作者认为display是长期的固定基本陈列，而exhibition是临时的、专题的展览。乔治·埃里斯·博寇（G. Ellis Burcaw）在《新博物馆学手册》（*Introduction to Museum Work* 3rd Edition）中也区别了陈列和展示。陈列即呈现物件，这有赖于观者对物件本身的兴趣。展示在意涵上，较之"陈列"更严肃、更专业、更有分量，是意图教育观者的一组概念的呈现，或者——以艺术展示单元为例——是由专人按照事前策划将艺术物件组成一个单元加以呈现出来[3]。

三、策展人与展览学

这里还有一个词需要明确，就是curator。近年来中国文博行业也展开对"策展人"制度的讨论。我们现在所见的中文翻译大多将curator译为"策展人"，independent curator则为"独立策展人"。策展人为人熟知的身份往往是为一个展览选择艺术作品并做出说明的人。然而，如今这个角色融合了制作人、专员、展览策

---

1. 此处中英文词汇参见《牛津高阶英汉双解词典》（第四版增补本）第415和502页。

2. Timothy Ambrose and Crispin Paine, *Museum Basics* 3rd Edition, USA and Canada: Routledge, 2012, pp.141.

3. ［美］乔治·埃里斯·博寇著，张云等译：《新博物馆学手册》，重庆大学出版社，2011年，第5页。

划员、教育工作者、管理者以及组织者的身份。此外，现在的策展人很可能需要负责编写展墙展签、展册文章以及其他的展览辅助内容。作为21世纪的策展人，人们还期望他们同媒体与公众打交道，接受采访或是发表讲话。策展人可能会被要求参与资金的筹措以及一些发展活动[1]。从澳大利亚来看，独立策展人能够自由地选择他们的工作范围，在媒体、时间和构想上所涵盖的层面往往超过一般博物馆所能容许的范围[2]。可以看出，curator是一个综合体，中国语境所理解的策展人与此略有不同，如果我们把curator与我们的策展人员翻译时等同，则有混淆之嫌。

另外，再来谈谈"展览学"的问题。著名科学家钱学森1978年在中国科协第一次全国委员会第二次会议上提出"展览学"。他认为要向广大人民群众普及科学技术知识，举办陈列展览是一种有效的方法，因而要开创"展览学"的研究。1993年8月8日，钱学森就创立展览学问题致函杭州潘杰，信中说：再就是我那次发言中说到的展览学，是指对人民群众进行教育的一切展览，包括博物馆、科技馆、美术馆、天文馆、历史博物馆、军事博物馆等，当然也包括特定题材的展览[3]。9月27日，钱学森在给潘杰的信中将展览学的要义界定得更为明确："展览馆学与展览学是两门不同层次的学问，前者是直接指导展览馆工作的学问，而后者则只专门讲展览作为用实物形象地向人民群众进行信息传递的学问。因此展览学的理论性更强，层次更高。由此看：展览学要指导① 展览馆学；② 博物馆学；③ 科技馆学；④ 美术馆学；以至⑤ 动物园学；⑥ 植物园学……从这一观点看，展览学实在是教育学的一部分，属教育人民群众的学问。"[4]

文博界在20世纪80年代也有人从博物馆学角度对陈列学的研究对象、内容和方法问题等做了一些探讨。这说明不少人都感觉到了把陈列作为一种专门学科来讨论的必要性。但由于各种原因，学术界在建立陈列学框架体系方面的工作一直进展缓慢，使得我们很难把陈列工作从经验的水平提高到科学。

---

1. ［英］阿德里安·乔治著，ESTRAN艺术理论翻译小组译：《策展人手册》，北京美术摄影出版社，2017年，第2页。

2. ［澳］Alison Carrol著，桂雅文译：《独立策展人——从企划到执行的专业手册》，五观艺术管理，2002年，第6页。

3. 霍有光编著：《钱学森年谱（初编）》，西安交通大学出版社，2011年，第719页。

4. 霍有光编著：《钱学森年谱（初编）》，西安交通大学出版社，2011年，第723页。

第一讲

博物馆陈列展览历史回顾

博物馆学主要关注今天怎么做以及未来如何发展的问题，至于"以前如何做"的历史问题，则归入博物馆学基础理论范畴而少人问津。尤其像陈列展览这种比较具体的工作，由于技术和材料方面的发展速度很快，因而人们即便想要参考"以前如何做"，其回溯年限也很短，往往觉得十年前的经验已缺乏参考价值。实际上这是针对陈列展览技术层面的看法，如果从观念或者说理念的角度考察历史，则会感到指导陈列展览方式的思想观念发展要平缓得多。因为思想观念发展变化的主要因素不是技术和材料等，而在于陈列展览举办者对博物馆陈列展览的功能及其利用者（观众）的态度和看法。可以说这种态度和看法自从陈列展览出现就存在着，因而也可以说它同博物馆存在的历史同样长久，并且具有一定的延续性。当代博物馆的陈列展览（尤其基本陈列）方式，往往是在同一主题空间中同时包含了满足研究参考、教育及娱乐性观赏等多种功能的因素，但从片段性的陈列品组合手法看，大致可分为适合专业研究和专业教育的、基于分类思想的系统陈列方式，以及适合非专业群体的通俗陈列方式，历史回顾主要是对这两种陈列方式做简单的回溯与评说。

我们觉得，透过陈列展览历史回顾来体会和把握陈列观念，是陈列设计人员培养专业素质的有效途径之一，比之归纳几条文字定论叫人死记硬背的方式更有说服力和可接受性。

第一节

基于简单分类的陈列方式
18 世纪中叶以前

  人类收藏心理的发生，可以追溯到久远的时代，最初可能就是因为审美的心理，收藏美好的事物。封建时代皇家贵族、教会宗庙或私人的收藏已相当普遍，不过，我们只是把这些古代事物称为博物馆的"雏形"或"萌芽"。最接近现代意义博物馆的设施，出现在欧洲文艺复兴时期。意大利佛罗伦萨的美第奇家族（Medici Family）在 16 世纪早期建造了一座宫殿，称为"乌斐济"，这座建筑的第三层是专为收藏和展示美术品而设计的，为室内采光而开了较大的窗户。这可算较早的美术馆建筑之一。

  建于 1683 年的英国牛津大学附属博物馆——阿什莫林博物馆（Ashmolean Museum）是最早的近代意义公共博物馆之一，藏品系由私人收藏家捐赠（主要是一些自然标本）。至于该馆的陈列方式如何，因资料缺乏而不为后人所关心。由于欧洲最早出现的一批公共博物馆（包括大英博物馆等）的建立过程，都与私人收藏家的捐赠或皇家贵族财产充公的行为有关，所以我们一直以私人收藏家存放物品的方式来推测当时的陈列景象，那就是在一定室内空间中杂乱无章地摆放，其排列甚至会按收藏先后顺序或按物品体量大小以便于节约空间。总而言之，众多藏品彼此之间没有内容意义的逻辑关系。因为私人收藏家并不考虑藏品对外界的人们有什么意义，完全可以凭自己个人喜好或意愿排列，某件藏品之所以放在某个位置的理由，可能只有收藏家本人才清楚，而在别人眼里就是杂乱无章。坦率地说，这也许是私密性空间的特点，至今在日常生活中仍可见到，不足为奇。

  不过，收藏家并非尽是些不学无术而又附庸风雅的权贵，经过文艺复兴运动的洗礼，尤其启蒙运动和近代自然科学的兴起，很多人的收藏对象已经从单纯猎奇观赏物品转向范围更广的一切具有理性认知价值的物品。尤其在自然标本领域，有不少收藏家是具备科学头脑的研究者，丹麦的奥拉夫·沃姆（Olaf Worm, 1588—1654）即属此类，在他去世后第二年（1655）其子出版了《沃姆自然博物馆》（*Musei Wormiani Historia*），该书的卷首插画展示的就是其收藏室的内景，鱼类、鸟类、部分动物模型挂在天花板上，动物的角挂在一面墙上，武器与箭挂在一面墙上，底下三层展柜也分类陈列了不同的物品（见图1-1）。这种方式是较早的排序方法的研究，在分类与比较研究的基础上，逐渐形成一套藏品编排与分类的科学思想。

图1-1 《沃姆自然博物馆》（*Musei Wormiani Historia*）卷首插画

（源自网络，http://www.360doc.com/content/17/1116/07/7872436_704239008.shtml）

从1656年阿什莫林博物馆出版的目录看，藏品内容涉及自然史、工业艺术品、人种学、人类学与考古学等文物，还有古币及奇珍异物等。该馆主要功能就是提供给牛津大学师生一个文化知识的实验室，以牛津大学的教学目的为陈列重点，只定期开放给大众。可见其陈列的主要利用者是带着研究或教学目的而来的相关专业教师和学生。而便于研究的分类摆放，不仅便于个人研究，也便于其他带有研究目的的藏品利用者，基于分类的陈列思想以及相应的陈列方式正是牛津大学师生们所期待和要求的。虽然这种学究气味浓厚的陈列方式并不符合普通百姓的胃口，但对于这座大学博物馆（甚至可以说是一座被称为博物馆的开放性教学实验室）来说却无可厚非。从该馆展出的早期陈列室图片来看，大致如此（见图1-2）。

但是，似乎不宜过高评价当时的分类行为，因为那时的分类行为还相当简单，

图1-2 阿什莫林博物馆早期展厅
图片
（黄洋 摄）

体系化的科学分类学是后来才出现的。

私人收藏家式的摆放甚至可以按入藏顺序排列，谈不上严格意义上的陈列展览，与其说是教育形式的陈列，毋宁谓收藏形式的罗列。在形式上大多没有专门的展柜，收藏柜架就是展台，陈列密度自然也就很高，相当于开放的仓库。展示设备的设计也不太重视陈列的视觉效果，常常尺度高大，支撑部件粗实，有的还带有烦琐的装饰。

17世纪，欧洲君王的藏品通常只允许著名的旅游者和外国学者去参观，这些藏品往往单独地收藏在君王们的宫殿里。参观植物园也受到同样的控制。1700年以后，维也纳的皇家艺术陈列馆允许一般公众交费参观，罗马的奎里纳尔宫和马德里的埃斯科里亚尔也都如此[1]。Zacharias Conrad von Uffenbach 于1710年参观阿什莫林博物馆时描述说："甚至就连女人只要付6便士就被允许可以参观。他们跑来跑去，不放过任何一个地方，*Sub-Custos* 并没有拒绝。"[2]

---

1. ［英］肯尼斯·赫德森著，王殿明等译：《八十年代的博物馆——世界趋势综览》，紫禁城出版社，1986年，第13页。

2. "Even the women are allowed up here for sixpence; they run here and there, grabbing at everything and taking no rebuff from the *Sub-Custos*." Zacharias Conrad von Uffenbach, describing a visit to the Ashmolean in 1710.W. H. Quarrell and Margaret Mare, *London in 1710: From the Travels of Zacharias Conrad von Uffenbach,* London, 1936.

第二节

基于科学分类学的陈列方式

18 世纪下半叶至 19 世纪上半叶

17 世纪私人收藏家乃至阿什莫林博物馆的藏品分类，都还比较粗放，也难免带有个人喜好的成分，所以还不宜用"分类学"的字眼形容当时的分类水平。藏品分类走向细致精确和体系化的任务，落在 18 世纪将众多收藏单位资料纳入研究视野的科学家身上，被誉为现代系统生物学之父的瑞典人卡尔·冯·林奈（Carl von Linné, 1707—1778）即典型人物，在其所著《自然系统》1758 年第十版和 1753 年版的《植物种志》中，初步建立了"双命名制"（即"二名法"），把过去紊乱的植物名称归于统一，对植物分类研究的进展有很大影响。这种从众多私人收藏室和博物馆藏品归纳出来的科学体系分类学思想，又反过来影响了自然史博物馆的陈列。如约翰·伍德沃德（John Woodward, 1665—1728）博士是物理（医学）教授，收集了来自世界各地的岩石、矿物、化石和考古标本。他的一生收藏并编目了 9 000 多个标本。他死后把一半的遗产遗赠给了剑桥大学，后来剑桥大学又买下了剩下的一半[1]。这些藏品今天还存于剑桥的塞奇威克地球科学博物馆（Sedgwick Museum of Earth Sciences）。

英国的收藏家汉斯·斯隆（Hans Sloane）医生（见图 1-3）在遗嘱中表明为了国家的利益将

图 1-3 汉斯·斯隆爵士肖像雕版图，默里（T. Murray）作
（采自大英博物馆网站，http://britishmuseum.org.cn/sir_hans_sloane.html）

---

1. http://www.sedgwickmuseum.org/index.php?page=top_history

图1-4　汉斯·斯隆爵士的标本托盘
（采自大英博物馆网站，http://britishmuseum.org.
cn/sir_hans_sloane.html）

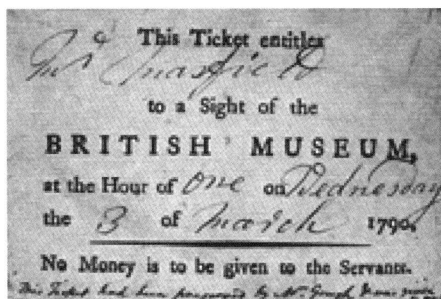

图1-5　大英博物馆入场券，1790年3月3日
（采自大英博物馆网站，http://britishmuseum.org.
cn/sir_hans_sloane.html）

所有的收藏遗赠给乔治国王二世，回报是给他的继承人20 000英镑。国会接受了他的礼物，1753年6月7日国会建立不列颠博物馆（British Museum）的决议获得国王的批准。斯隆的收藏成为不列颠博物馆创始之初的藏品（见图1-4）。英国国会颁布的《议会法案》界定博物馆的目标为"传播及增长知识；学术出版物至少要与收藏品的数量、种类配合，以便其具备研究机构的美誉"。可见当时政府赋予博物馆以科研和教育的功能。然而根据当年旅行者的记载和该馆旧有的文献记录得知，直到19世纪，其使用者仍限于学者、艺术家及特权阶层，比牛津大学附属阿什莫林博物馆的观众范围大不了多少（见图1-5）。但该馆毕竟是国家象征，规模也很庞大，他们的工作方法对世界博物馆界的影响很大。为了容纳日益增多的藏品，自然历史类收藏品在19世纪80年代时被分流至南肯辛顿区（South Kensington）的一处新建馆址，也就是后来的自然史博物馆的所在地[1]。自然史博物馆在陈列方面成为

1. http://www.britishmuseum.org/about_us/the_museums_story/general_history.aspx

贯彻系统分类法则的典型。该馆建筑平面可大致分为主楼、东翼和西翼，东西两翼组成一个展区。当时的馆长理查德·欧文先生认为：这里的陈列是"让人们理解动物、植物、矿物的分类系统的完整形象、基本概念及相互关系"。同时发挥"博物馆这种机构独特的作用"。主楼分为大厅和北厅，大厅设置导引部分，安排"目录性陈列"和"对缺乏博物学（即自然史）素养者的浅易解说"。北厅为"英国动物展室"，"英国各地的资料收集者可在此用记录着展品正确名称和生息地的说明标签核对，以便鉴定各自的收集品，无遗漏地收集并展出标本"。这三大展区遵守一个共同方针，就是把那些容易采集到的、可持久展出的自然物都陈列出来。

关于人工制品（类似当今所谓的"文物"或"文化遗产"概念），欧洲一些博物馆早在18世纪就本着民主与启蒙精神而关注其教育功能，讲究陈列的安排、标签的说明、艺术品与珍异物品的分类学技术。人工制品的属性分类不像生物多样性的自然标本那般层次复杂，最顶端的分类可按制（创）作目的（原初功能）分为"传媒性物品"和"非传媒性物品"，例如绘画和雕塑等艺术品就属于传媒性物品。18世纪60年代末期，在当时的托斯卡纳公爵（Duke of Tuscany, 1765—1779），后来的神圣罗马皇帝利奥波德二世（Leopold II）的命令下，专门从藏品中挑选出艺术品在乌斐济画廊展出。在1775年任命的两位管理员的监管下，乌斐济画廊的大量艺术藏品逐渐根据教育学和历史学的原则重新整理，这些原则后来在副管理员卢兹·兰齐（Luigi Lanzi, 1732—1810）的《意大利绘画史》（*Historia pictorica dell' Italia*，佛罗伦萨，1792）中得到清晰的阐述。他认为艺术品必须"有系统地"展示，以促使学生能在欣赏这些作品的艺术风格的同时，理解它们在历史上的联系[1]。

法国大革命较彻底，政府将皇家收藏收归国有，并在此基础上建立向公众开放的博物馆，也成为革命家证明自己履行"民权平等"诺言的标志，1793年开放的巴黎卢浮宫（Musée du Louvre）可谓典型案例。该馆陈列原本是"选件"式的，将法国最丰富的艺术资产呈现出来，然而对主张以教育示范法、将艺术品以编年排

---

1. 杰弗瑞·艾布特著，李行远译：《博物馆的起源与发展》，《美术馆》总第二期，2002年。

列方式来教育大众的人士来说，"选件"式陈列不容易被一般民众所了解，卢浮宫还是以教育示范法及编年排列展览，以达到全民平等的教育原则，这种陈列思想首先影响到1801年在法国同时成立的15座巴黎以外的博物馆，后来也随着拿破仑的军队在欧洲各地推广开来。从一幅描绘1801年至1805年期间卢浮宫大画廊的绘画中，可见馆内从地板到天花板十几米高的墙壁上挂满了大大小小的油画，既没有展品说明牌，也不考虑观看者的视角（见图1-6～图1-8）。严格意义上的陈列形式设计还没有出现，但内容编排方面已经普遍采取了体系分类原则。

图1-6　Hubert Robert, The Grande Galerie between 1801 and 1805, Musée du Louvre (RF 1964-34)
（采自卢浮宫网站，http://www.louvre.fr/en/histoirelouvres/history-louvre/periode-4#flashcontent）

图1-7　Giuseppe Castiglione, The Salon Carré at the Musée du Louvre, Musée du Louvre (RF 3734)
（采自卢浮宫网站，http://www.louvre.fr/en/histoirelouvres/history-louvre/periode-4#flashcontent）

图1-8　卢浮宫大长廊景观［雅克-阿尔贝尔·色纳弗（1799—1801），木底油画］
（黄洋　摄）

图1-9　汤姆森在博物馆为观众讲解展品
（采自《有影响力的博物馆》）

"诸如英国博物馆之类的公共博物馆于18世纪末在欧洲建立时仍然保持着私有藏品的传统。它们或属于国家，或属于一个董事会，但仍像先前一样，不面向公众，高人一等。它们都由独断专行者经管，对于藏品如何表现或组织，他们从不征求任何人的意见。允许参观的人都是作为恩赐而不是作为权利，因此，要求他们的是感恩和赞扬，而不是批评。"[1]

丹麦考古学家克里斯蒂安·汤姆森（Christian Thomsen）在哥本哈根将国家博物馆馆藏古物向公众开放。多年来，学者们经常提及的三期论是没有金属的石器时代、铜器时代、铁器时代。凭借着对排序的热情，汤姆森把博物馆中杂乱无章的藏品摆放到不同的房间中。在一个展厅中，他陈列了石器时代的工具，"在那时，人们对于金属基本上一无所知"；另一个展厅里，展示的则是石器和铜器，但没有铁器；第三个展厅是铁器时代墓葬中的随葬品[2]。汤姆森始终按此学说整理馆藏并著书立说，只要陈列开放就亲自到场为观众做讲解（见图1-9）。

---

1. ［英］肯尼斯·赫德森著，王殿明等译：《八十年代的博物馆——世界趋势综览》，紫禁城出版社，1986年，第13—14页。
2. ［美］布赖恩·费根著，钱益汇等译：《考古学入门（插图第11版）》，后浪出版公司，2018年，第13页。

汤姆森是一个热心的讲解员，他向来参观的观众生动地谈论远古时代人们的日常经历，讲着讲着会在恰当时机把事先藏好的某件有趣的小东西（一件青铜器或一件铁器）突然拿出来，给观众一个惊喜，加深了观众的参观印象[1]。

　　由此可见，19世纪中叶以前一些博物馆，还没有出现严格意义上的陈列形式设计，在空间使用上明显带有"三位一体"特点（亦即收藏库房、研究场所和陈列室处于同一空间，在建筑使用上不区分功能），但内容编排方面已经普遍采用了体系分类原则，比一般私人收藏家基于个人喜好的简单分类式摆放，当然是一个巨大的进步。这种基于分类思想的系统陈列方式比较适合专业研究和专业教育目的使用者，因为当时人们的教育概念与现今有很大不同。正如肯尼斯·赫德森（Kenneth Hudson）所说，"19世纪下半叶创办并领导博物馆的大部分人的教育使命有一种纪律严格并接近宗教的气味。他们的博物馆都是自我修养的寺庙，对人类的弱点很少让步"[2]。

---

1. 史吉祥：《对博物馆教育的发生历史考察——丹麦皇家古物博物馆主题陈列出现的前前后后》，《旅顺博物馆学苑》，吉林文史出版社，2007年。
2. ［英］肯尼斯·赫德森著，王殿明等译：《八十年代的博物馆——世界趋势综览》，紫禁城出版社，1986年，第17页。

第三节

通俗型陈列的缘起与推广

19 世纪下半叶

　　正如前述，采取怎样的陈列方式，与举办者对观众的看法和态度有关。在旧大陆许多曾经历过长期而发达的封建社会历史的地方，博物馆的发展模式总是私人收藏在先，而公共博物馆是从私人收藏发展起来的。因而封建等级的、私人收藏家作风的旧思想残余长期地、或多或少地影响着博物馆从业人员的经营管理意识，相应地在许多早期博物馆的陈列方式中并未显示出关怀普通公众的姿态。英国自然史博物馆陈列室的看守，面对几乎无人参观的展厅，百无聊赖地打哈欠。之所以观众少是因为该馆参观需要专业团体30人以上才能集体进入，并且需要预约，这讽刺了当时的博物馆陈列多么不近人情（见图1-10）。总之，19世纪博物馆的公共性还比较弱，社会教育职能也不是很发达。意识形态是一种习惯势力，改变需要时间。在资产阶级革命到产业革命完成之间，尽管表面上普通百姓有权同社会上层一道目睹藏品，但公共博物馆尚未真正地大众化。

　　倒是美国不同凡响，其博物馆的成长模式恰好同旧大陆相反。"在美国，在大的私人收藏开始建立之前很久就已出现了公共博物馆。在本世纪（注：20世纪），

图1-10　1893年11月25日报纸发表批评英国自然历史博物馆不近人情的讽刺画
（采自《教育展示设计》日文版）

美国许多私人收藏都遗赠给了博物馆，或转为公共机构，因而重新出现了一个多世纪之前在欧洲发生的重要过程。不过这一次，美国的为整个社区利益而建立博物馆的思想已经深深地扎了根"[1]。可见，美国是公共博物馆在先，私人收藏风气在后。相比而言，美国人因其历史原因较少封建思想的束缚，加上实用主义的生活观念，导致其博物馆的经营管理意识在一开头就比较在乎普通公众。

　　18世纪60年代起，英国率先开始了工业革命，随后向欧洲大陆和北美传播。在19世纪，法国、德国、美国等国也相继完成了工业革命。在以手工技术为基础的资本主义工厂手工业过渡到采用机器的资本主义工厂制度的过程中，随着市场扩大，工厂手工业日益不能满足需要，资产阶级为追求更多的利润，广泛采用新技术。这场革命所产生的社会影响大大超出了经济领域。

　　英国为了显示其工业革命的巨大成就，于1851年5月在伦敦海德公园举办了首届万国博览会。维多利亚女王与其丈夫阿尔伯特公爵5月1日都出席了开幕式。博览会建筑由铁架和玻璃构成，通体透明，名曰"水晶宫"（见图1-11）。自5月1日至10月5日的160余天里，总计接待了各国观众600多万人，仅门票收入就达186 000英镑。在100多年前的欧洲，一个展览会吸引了600万观众，这足以使政府认识到展览事业的重要性。这次博览会打破了工人对文化活动不感兴趣、不愿付费

图1-11　1851年英国伦敦世博会彩瓷盖《水晶宫外景》
（黄洋 摄自上海世博会博物馆"世博遗珍"展）

---

1. ［英］肯尼斯·赫德森著，王殿明等译：《八十年代的博物馆——世界趋势综览》，紫禁城出版社，1986年，第16页。

的传统观念。商业博览会虽不等同于博物馆，但观看以实物资料为主的陈列展览可以丰富人们的知识结构，因而具有教育功能，这一点已被社会普遍认同。伦敦首届世博会的186 000英镑收入后来全部用于博物馆筹建，出现了维多利亚和阿尔伯特博物馆、科学博物馆、自然史博物馆、地质博物馆等4个新设施。可见，博览会对博物馆事业的发展起到了巨大的推动作用。此后的50年里，法国、美国等国举办了一系列国际博览会，这虽然都是商业性的展会，但其重要性远远超过单纯商业的成就。

也正是这个时期，博物馆的陈列展览形式出现了新变化。在自然标本陈列方面，英国伦敦的布鲁克博物馆（Bullock Museum）早在1813年就尝试性地采用过一种新的陈列方法，将一群长颈鹿、狮子、犀牛等剥制标本模拟生前徘徊于原生地荒野中的自然姿态加以展出，周围辅以原生地珍奇华美的植物（均为在色彩和形态上与实物一模一样的模型），背景是一张用透视法描绘的原生地景观画，极好地再现了热带雨林地区郁郁葱葱的自然美景（见图1-12）。正如1813年出版的《布鲁克博物馆手册》（*Companion to Bullock's Museum*）简介中所述："各种动物，如高大的长颈鹿、狮子、大象、犀牛等，都在符合其生境的荒野和森林中展出；而每种环境中最珍稀、最常见的植物模型，无论在形状还是颜色上，都接近其最真实的状态；遥远且适宜的全景所呈现出的炎热气候，成了美丽的插图，辅助着整个动植物种群的展示。"[1] 当时称此法为"habitat group"（生境种群陈列）。1856年，德国纽

图1-12　布鲁克博物馆非洲哺乳动物群展示
（采自网络，http://www.naturalhistorymag.com/picks-from-the-past/271568/glimpses-of-early-museums?page=2）

---

1. Frederic A. Lucas. Glimpses of Early Museums:The genesis of the habitat group.
http://www.naturalhistorymag.com/picks-from-the-past/271568/glimpses-of-early-museums?page=2

伦堡的盖尔芒博物馆在室内复原了中世纪教堂和住宅局部，并配置一些身着当时服饰的模特儿，还摆设了一些当时的家具，这是最早的复原性结构陈列。

这种新式的陈列必然是少量展品占据了较大空间。为解决这一问题，大英自然史博物馆率先对建筑空间做了职能划分。此前，美国哈佛大学的生物学教授路易斯·阿加西斯（Louis Agassiz）（见图1-13）成立了比较动物学博物馆（Museum of Comparative Zoology）[1]，又发明了一种将藏品进行分众展示（dual arrangement）[2]的方法，亦即将藏品分为针对专家学者的研究资料和针对普通公众的展览资料两部分，前者置于收藏库，而陈列室则为普通公众服务，用趣味性、通俗形式加以展出，这不失为使多种文化层次的人们都能利用的好办法。

大学博物馆注重高层次的科学研究本无可厚非，而阿加西斯却想到兼顾普通观众，提出了分众展示方式。美国博物馆一开始就

图1-13　路易斯·阿加西斯肖像及签名
（采自网络，http://blog.sciencenet.cn/blog-98680-1069274.html）

比较注重公众利益，并逐渐对旧大陆产生影响。分众展示方式是否在哈佛首先实际出现抑或仅仅是个理念，目前还不清楚，也没有根据证明美国馆长的分众展示思想影响了英国。但我们从日本博物馆学鼻祖棚桥源太郎的记载中知道，大英自然史博物馆在1873年新建筑竣工后，认识到这种方式的重要性，从而变更原来的陈列规划，首先采用了这种分众展示的方法，其结果是一跃闻名于世，很快传播并推广到全世界。这也反映出以往只迎合雅客趣味的博物馆经营方式开始迁就大众百姓的胃口，博物馆开始向大众化设施转变。分众展示方法的影响不限于陈列展览，以往没

---

1. https://mcz.harvard.edu/history
2. 学界对此称呼不同，有"二元性陈列""二重陈列""双分思想"，台湾学者也称"二部陈列"，这里采用"分众"的译法。

有收藏库的馆也因此想设置专门的收藏库了。按使用功能划分博物馆建筑空间的思想或即滥觞于此，以往的"三位一体"形式逐渐走向衰亡。如今，没有收藏库的博物馆是不可思议的，收藏库的意义和职能也不再是陈列室的延伸或陈列室的一种形态。

至今普遍存在于博物馆的两种典型陈列方式，其发轫时间都很长久。采取怎样的方式，往往取决于馆方从业人员对陈列利用者的看法和态度。当今博物馆工作者似乎具备了正确的陈列理念，但总觉得没有办法贯彻到实际的陈列工作中去。公众对博物馆反应冷淡的原因很多，但其中之一可能是我们错误地指望同一种陈列方式能够同时满足所有观众的需求，各种方式交错出现在同一展示空间中，并且在同一空间中的陈列又以满足专家学者的需求为重，其次为符合教育机构的性质而兼顾学习型观众的需求，至于普通观众的需求则最多安排几项噱头十足的互动装置来体现，如此看轻普通观众的满意度，又怎能赢得他们真正的青睐呢？

第四节

标准化运动时期

　　工业革命的社会氛围和多次举办的万国博览会为博物馆事业留下了两大遗产。从硬件方面说，就是出现了博物馆建设热潮，日本、德国、北欧等许多国家早期博物馆的建立都与万国博览会有关。从软件方面说，博物馆的经营思想从收藏和研究两个职能发展到加上教育的三个职能，正因为有教育职能，才引来社会的重视和资金筹措，陈列室也独立出来了。

　　20世纪初的博物馆，在陈列内容方面开始强调科学体系，将藏品分类展出，还普遍出现了以往所罕见的辅助展品，包括图片、图解、表格、模型等材料。为适应陈列内容方面的改革，陈列形式也发生了变化，主要表现在陈列设备方面，展具与收藏柜架分离之后，人们开始讲究展柜的规格化、标准化。大约自20世纪20年代起，以英国博物馆为代表掀起了一场"标准化运动"。当时主要有三种类型的展柜，一为靠墙的立柜（三面玻璃）；二为中心立柜（四面玻璃）；三为桌柜（也称坡柜或平柜）。标准化陈列柜的设计，以人体尺度和最佳视距视角为依据，确定陈列柜的总高为6英尺至6英尺4英寸（183 ～ 193厘米），台座高为2英尺6英寸（72.5厘米），保证有3英尺（91.5厘米）以上最佳视域的玻璃展示面；进深分别为1英尺6英寸（45厘米）、2英尺（60厘米）和2英尺6英寸（75厘米），陈列柜面宽设定三种规格，3英尺（91.5厘米）、4英尺（122.5厘米）和5英尺（152厘米），以适应布置不同展品之用，也便于用组合方式布置陈列[1]。辅助设备有屏风（或称假墙）、展板、镜框等。这些设备可以移动、自由组合。由于设备的形式、尺度、规格统一，造型简洁，便于大规模工业化加工生产，造价较低，所以很快得以推广

---

　　1. 国家文物局，中国博物馆学会编：《博物馆陈列艺术》，文物出版社，1997 年，第 4 页。

（见图1-14～图1-16）。中国博物馆自20世纪30年代初开始将标准化橱柜用于陈列展览。家具设备所占空间较大，其类型和尺度的规范化使空间减少了凌乱的因素，使环境比较整洁，与商业展览会的摊位型陈列形式分道扬镳。

图1-14 大英博物馆动物长廊钢版画
（黄洋 摄）

图1-15 大英博物馆一些展厅今天仍保留的标准展柜
（黄洋 摄）

图1-16 英国V&A博物馆展厅今天仍保留的标准化展柜
（黄洋 摄）

这场标准化运动反映在陈列形式上的变化，显然比三位一体形式有更多优越性。但也并非十全十美，标准化展柜一般尺度规格小，展出空间小，使得辅助展品不能与实物有机组合，柜子只能容下主展品，辅助材料只能在柜外找地方另置，形成一定的隔裂局面，这是标准化展柜的最大问题。

二战以后，一些工业发达的国家，能够制造出大幅的玻璃，博物馆的陈列展览形式也因而发生了变化。从20世纪40年代开始，有的博物馆采用大通柜，也开始把商业橱窗的方法引进博物馆陈列，因为当时不少陈列设计师是来自商业的设计大师。类似商店橱窗的大通柜很好地解决了实物主展品与平面辅助材料相分离的问题，在大通柜内可以把三维立体实物放在前面，图表衬在背后，使两者有机结合起来，形成了新传统。

总体来说，标准化运动的影响一直持续至今，立柜、壁柜、桌柜、大通柜仍是博物馆最常见的陈列设备，只不过随着科技的进步，材质质量、制作工艺等发生了很大变化，当然也出现了很多异形柜。

第五节
无橱窗化趋向
20 世纪 70 年代以来

　　这里的无橱窗可以从两个角度理解，一是硬件上，博物馆的陈列展览开始减少展柜用量，努力消除玻璃或栅栏给观众带来的心理距离。一些展览甚至采用文物"裸展"的方式，观众甚至可以触摸展品。二是软件上，展示理念打破禁锢，跳出窠臼，从固定的给观众观看这种较为死板的方式演变为观众可参与的方式。参与式博物馆要求作为博物馆利益相关者的观众能够在不同层次上参与博物馆的各项事务，尤其是展览和教育活动。参与理念的出发点是，展览的服务群体是观众，展览建设的目标是更好地将观众的理解与展览的传播目的相连接[1]。博物馆是社会教育机构，长期的实践使博物馆工作者对以实物为主要媒介的教育传播规律有了更深刻的认识，同时，博物馆在现代传播工具发达以后也面临新的挑战。好的陈列不仅给人们知识，而且能打动从而吸引观众，不仅使人们"百闻不如一见"，而且"百见不如一试"。显然，注重柜内展示的传统形式很难达到这种效果，一片玻璃的阻隔虽未增加人与物之间的物理距离，但却拉大了心理距离，打破展柜制约成为一种新趋向。

　　这样的参与一种是让观众触摸，更多的是感受。英国的牛津大学自然史博物馆（Oxford University Museum of Natural History）展出了一具非洲猎豹模型，底下说明牌写道："这只非洲猎豹是在英国的一个动物园里饲养的，死于自然原因。猎豹生活在非洲和亚洲的野外。因为这只猎豹是在更加寒冷的气候中长大的，所以它的毛比它的野生同类更厚更长"。另一个说明牌用很大的字体注明"Please Touch!（请触摸）"，让观众感受这只猎豹的皮毛，但是动作要绅士，不能粗鲁（见图1-17）。英国V&A博物馆让观众触摸家具的镶嵌工艺和饰面材料（见图1-18）。另

---

　　1. 严建强：《"让文化遗产活起来"的参与式博物馆》，《中华读书报》2018 年 5 月 30 日第 19 版。

图1-17　英国牛津大学自然史博物馆展出的"请触摸"的非洲猎豹（黄洋 摄）

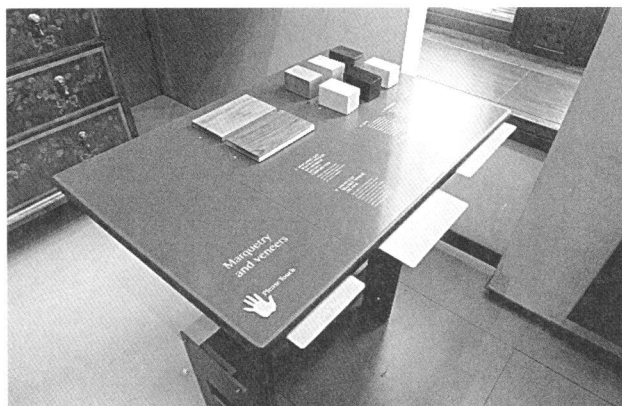

图1-18　英国V&A博物馆让观众触摸家具的镶嵌工艺和饰面材料（黄洋 摄）

一种是互动，动手做手工品，或者角色扮演等（见图1-19、图1-20）。英国考文垂（Coventry）的赫伯特博物馆（Herbert Art Gallery & Museum）中让小朋友用手来感受贝壳的形状，一个小姑娘摸完之后还充满好奇心地用耳朵"听"贝壳（见图1-21）。英国利物浦博物馆（Museum of Liverpool）展出史前建造房子的稻草材料让观众触摸（见图1-22）。

图1-19　英国V&A博物馆让观众制作编织物
（黄洋 摄）

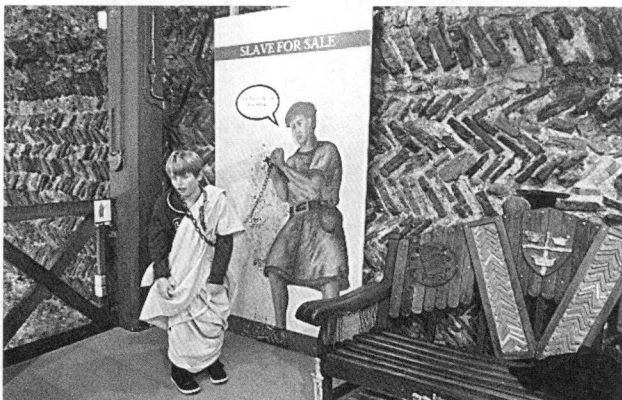

图1-20　英国科尔切斯特城堡博物馆（Colchester Castle Museum）观众扮演展览中的奴隶
（黄洋 摄）

图1-21　英国考文垂的赫伯特博物馆小观众触摸贝壳后听声音
（黄洋 摄）

图1-22 英国利物浦博物馆展出的供观众触摸的古代房子材料（黄洋 摄）

第二讲

博物馆陈列展览类型

　　类型划分是一项困难而有意义的工作。划分博物馆陈列展览的类型，除了依据一定的标准，还应遵循以下两大原则：第一个是科学性原则。要想正确地进行类型划分，就要科学地进行操作。首先，保证划分后的各子类型的外延之和与博物馆陈列展览相重合。划分的目的在于明确博物馆陈列展览的外延。其次，保证每次划分按照同一标准进行。如果在一次划分中未按同一标准进行，那就会出现有些博物馆陈列展览同时属于几个不同的子类型外延的情况，使划分的结果混乱不清。再次，保证划分后的子类型互相排斥。如果划分后一部分博物馆陈列展览既属于这一子类型，同时又可以属于另一子类型，这样的划分会引起人们对博物馆陈列展览外延把握的困难。第二个是实用性原则。对博物馆陈列展览进行类型划分，是要了解目前博物馆陈列展览的现状，为以后的工作打下基础。只有划分的类型实用，所做的划分工作才有意义。根据不同的标准，可以将博物馆陈列展览划分为以下类型。

第一节

按陈列展览的时间分类

1. 基本陈列

这是从本馆的基本性质和任务出发，大量运用特色藏品，设计上强调系统性，内容相对固定且常年对外开放的陈列。要求具有鲜明的个性特色，同时与本馆其他临时展览有机地联系在一起，遥相呼应。陈列内容有持久性，要求选用有耐久性的展品，但不排除因科研工作进展或展品保护需要而局部更换展品、设备或辅助材料的可能，所以，"固定"只是相对临时展览而言的（见图2-1）。

2. 临时展览

此类系指内容专一，小型多样，短期展出，可以经常更换的展览。如果在设备设计方面做到便于运输和拆装，也可称为流动展览。临时展览内容丰富，形式多样，是吸引观众多次走进博物馆的重要手段。就博物馆陈列展览部门的工作而言，基本陈列虽属第一位的首要工作，但在基本陈列完成并开放后，临时展览往往成为陈列部门的主要工作。

图2-1　中国国家博物馆的"古代中国"基本陈列
（陈红京 摄）

关于临时展览，国家文物局倡导各博物馆要积极扶持原创性主题性展览，如南京博物院、广东省博物馆等各博物馆不断推出大型原创性特展。这些大型的、原创性的"临时展览"在博物馆履行职能方面发挥了重大作用，这类展览具有博物馆服务社会发展和社会公众的行业特征[1]。

出入境展览是临时展览的重要组成部分。改革开放40年来，出入境文物展览数量不断增长。20世纪50至90年代，全国的出境文物展览约120余项，涉及32个国家（地区）的140座城市，观众人数超过4 300万人次。2000年至2017年举办出境文物展览累计超过840个，是之前50年举办出境展览总数的6倍多。博物馆很多国内、境外、国外交流的临时展览效果很好。20世纪80年，随着秦兵马俑坑考古发掘的开展，以秦兵马俑为主题的文物展成为对外交流临时展览的重要内容。首次以秦兵马俑为主题的出境展览是1982年12月至1983年9月在澳大利亚墨尔本、悉尼等6个城市的"中国秦代兵马俑展"巡回展览，80余万人参观了展览（见图2-2）。1983年10月至1984年5月在日本东京等地巡展，观众人数更是高达200万。1992年，赴台湾的"兵马俑与金缕玉衣"展，是两岸分隔40多年后，大陆赴台湾的第一个文物大展，当年台湾万人空巷，队伍如长龙，展厅里人头攒动、摩肩接踵。不少1949年以前去台湾的人士观看展览后万分激动，说"看到展览如回故乡"。展览主办单位台湾展望基金会董事长李庆华先生为展览题字："中华文物放光采，两岸交流开新页"，表达了两岸同胞的共同心声。

图2-2　1983年南澳大利亚州州长及夫人参观"中国秦代兵马俑展"（黄洋 摄自"金色名片"展览）

---

1. 龚良、毛颖：《中国博物馆大型原创性特展之展览策划——以南京博物院为例专访龚良院长》，《东南文化》，2016年第6期，第6—12页。

第二节

按陈列展览的场所分类

1. 室内陈列

按一定的主题从藏品中选择出展品或制作出展品，并放在设施建筑内展出，称为室内陈列。陈列场所主要是展厅，但有时也在门厅展出本馆的标志（象征）展品，或利用走廊展出。室内陈列是博物馆最常见的展出形式。

2. 室外陈列

与室内陈列相对，是指在博物馆辖区内的露天陈列。在收藏品中，那些因体积或重量过大而不宜搬入展厅的展品，或放在室外有利于美化博物馆整体环境而又不怕风吹日晒雨淋的展品，可以选出来放在博物馆辖区内展出，这是室外陈列。如一些历史博物馆将馆藏的石雕等放在院子里展出，中国人民革命军事博物馆在室外院子里展出人民海军退役舰艇3139艇（见图2-3）。

图2-3　中国人民革命军事博物馆室外展出的人民海军退役舰艇3139艇（黄洋 摄）

3. 野外陈列

这并非由于不能搬入建筑内而放在室外，而是一开始就以野外为主体进行陈列的。与上述博物馆辖区内的室外陈列相比，其性质和规模均有所不同。野外陈列又可分为两类，一是人为地将某类物品汇集在野外进行展出，二是原状保存展出野外的遗址或自然物品。

人为地将某类物品汇集在野外进行展出，也可称为收集品的野外陈列，其方式方法与所谓室内陈列基本相同，只不过展出场所是野外而已，但比室内陈列的效果更好。例如，国内所见的碑林博物馆即属此类，动植物园可谓典型。原状保存展出野外的遗址或自然物品，更接近以往所谓遗址陈列或自然保护区的概念（见图2-4）。

图2-4 河姆渡遗址博物馆野外展出的木构件
（黄洋 摄）

4. 流动（巡回）展览、出租展览

流动展览是为了照顾到那些因住地较远而难于利用博物馆的人们，与当地有关设施协作以适当场所为展览会场，将博物馆藏品运去举办的展览，并在一定展出时间后逐次运往其他会场展出，丰富地方文化生活。也可采用巡回展览车的形式，机动灵活，使博物馆教育传播工作深入偏远地带。四川博物院和内蒙古博物院等都有流动博物馆，把展览送给外地观众。

出租展览主要是向学校出租放入小型集装箱内的展览道具。先在博物馆把各门课程教材编成展览版面，然后放入箱内，一打开箱盖，立刻呈现出按教学计划编排的展览。有的博物馆做成文物出借盒，方便博物馆出借文物等相关教具（见图2-5）。

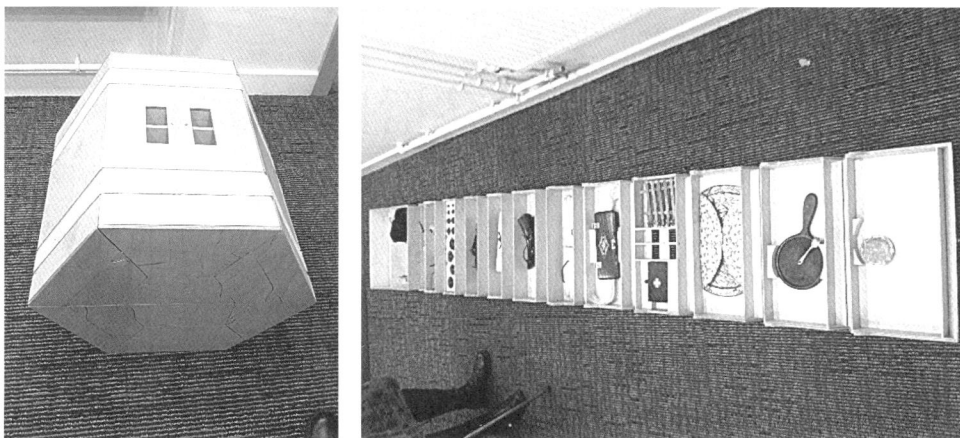

图2-5　英国某博物馆的文物出借盒
（黄洋 摄）

第三节

按陈列展览的传播目的分类

1. 器物定位型展览

此类展览的主要目的是在最佳条件下呈现展品的艺术价值或美学价值。这种陈列的主要目的不是知识性理解，而是通过欣赏来提升观众的感性认识，陶冶情操。在美术馆和艺术博物馆常见这种陈列，为显示展品的价值和微妙情感，在展出手法上十分强调空间的舒朗和恰到好处的光照效果。此外，由于不以知识性理解为首要目的，因而一般来说说明文字也不多。上海博物馆的定位为艺术类博物馆，因此其青铜器馆、玉器馆、陶瓷馆、钱币馆的陈列展览都是以表现文物的美学特征为主，除了展品的说明牌，辅助性的说明材料不多，观众以欣赏上海博物馆馆藏的精美文物为主要目的（见图2-6）。

图2-6　上海博物馆的器物定位型展览
（黄洋 摄）

2. 信息定位型展览

信息定位型展览中，实物展品不再仅仅是欣赏的对象，也不再是博物馆展览中唯一的陈列要素，而成为故事叙述系统中的要素之一，扮演着故事叙述中物证的角色。其具有明确的系统性和情节性，所强调的是信息传播[1]。

---

1. 严建强：《信息定位型展览：提升中国博物馆品质的契机》，《东南文化》，2011 年第 2 期，第 7—13 页。

第四节

按陈列展览的手法分类

1. 静态陈列

这是最传统的展出手法，优点在于可以清晰地观察展品的造型和色彩，而且展品损耗量小。若是为形态学和分类学研究工作服务，不妨采用静态个体或分类陈列方式。但若想表现生态、行为及形成过程（发生、生产）时，静态陈列手法就无能为力了，它的弱点在于不能具体表现时间流程性信息。

2. 动态陈列

随着多媒体技术的发展，特别是2010年上海世博会之后，中国的博物馆开始大量采用声、光、电等多媒体技术手段展示，这种动态的陈列方式能够增加陈列展览的趣味性，吸引观众的眼球。最为典型的就是上海世博会时展出的大型电子多媒体版《清明上河图》，作品长128米，高6.5米，将原作放大了将近30倍。整个作品结合声光电效果，使用12台电影级大型投影设备，让观众身临其境，仿佛穿越回北宋那繁华的汴梁城。这样的方式对世博会之后的中国博物馆陈列展览产生了重要影响（见图2-7）。

图2-7　2010年上海世博会展出的大型电子多媒体版《清明上河图》（黄洋 摄）

3. 操作演示陈列

在这种陈列中，人本身并非陈列对象，人所进行的操作和行为动作才是陈列对象。动作的主体是博物馆的工作人员（或志愿者），而非观众，因而不属于"参与型陈列"。日本丰田产业技术纪念馆（Toyota Industrial Science and Technology Museum）内，工作人员现场为观众演示纺织机器的工作过程，演示结束后，还将该机器纺织的小手帕送给观众留念（见图2-8）。

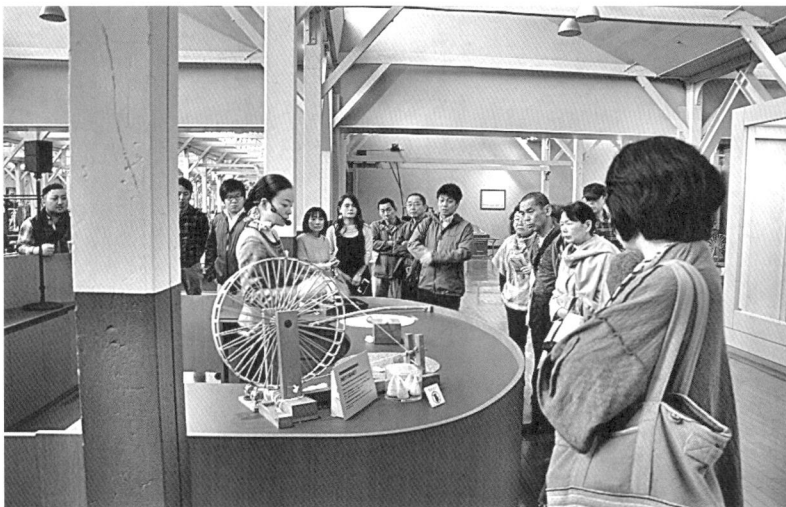

图2-8 日本丰田产业技术纪念馆对纺织机器生产过程的操作演示陈列
（黄洋 摄）

4. 活态陈列

运用这种手法的典型就是动物园和植物园，实际上自然史博物馆也应积极采用这种手法。自然博物馆大都有采用饲育、栽培陈列手法的潜力和必要性，由此使室内陈列富有生气。英国牛津大学自然史博物馆（Oxford University Museum of Natural History）在展出掘地蟑螂（burrowing cockroach）和马达加斯加发声蟑螂（Madagascan hissing cockroach）时，采用透明中心柜的方式，把活体的蟑螂饲养在展柜里供观众参观，观众看到的不仅有蟑螂的生物信息，还有蟑螂活态的生活方式（见图2-9）。

图2-9　英国牛津大学自然史博物馆展示蟑螂的活态生活
（黄洋 摄）

5. 多感官陈列展览

观众通过视觉所能获取的信息，仅限于物体的位置、大小、造型及色彩等，而通过多感官（触觉、听觉、嗅觉、味觉、机体运动觉等）则能获取质感、硬度、重量、音质、温度、味道等多方面的信息。维京人（Viking）是英国历史上重要的一个人群，后来由于气温骤降、基督教的同化、与当地人通婚等因素，维京人逐渐淡出历史舞台。1976年至1981年间，考古学家在铜门（Coppergate）发掘出具有千年历史的维京人的定居点。1984年4月，在考古发掘的原址上建立的维京中心（Jorvik Viking Center）开放。在经过16年的研究之后，考古学家对维京人的饮食、穿着、贸易和建造房屋的方式等信息有了更多了解，这些研究促使了维京中心的改陈，并于2001年重新开放。现在的维京中心位于铜门购物中心（Coppergate Shopping Centre），排队买票时就有工作人员身着维京人的服装维持秩序。观众乘坐时间舱（time capsule）穿梭于复原的维京时期城市中。观众可以看到正在用鹿角制作梳子的工匠、铁匠铺、正在工作的木车工匠、两个工人正在建造一座新房子、屠夫的工作间、热闹的市场、维京时期的厕所等等（见图2-10）。除了视觉上的享受，观众还可以闻到鱼腥味、农家院子里的味道、木柴燃烧的味道、熔炼铁的气味、烤野猪的香味，还有市场里的各种气味。观众还可以感受到微风拂面，听到打铁的声音、市场的叫卖声等，仿佛真的穿越到了维京时期。这样多感官，静动结合的展示方式给观众带来了真实的感受，留下了很好印象，同时也达到了很好的展示效果（见图2-11）。有的博物馆在展览中设置多感官的互动体验展项。（见图2-12、图2-13）。

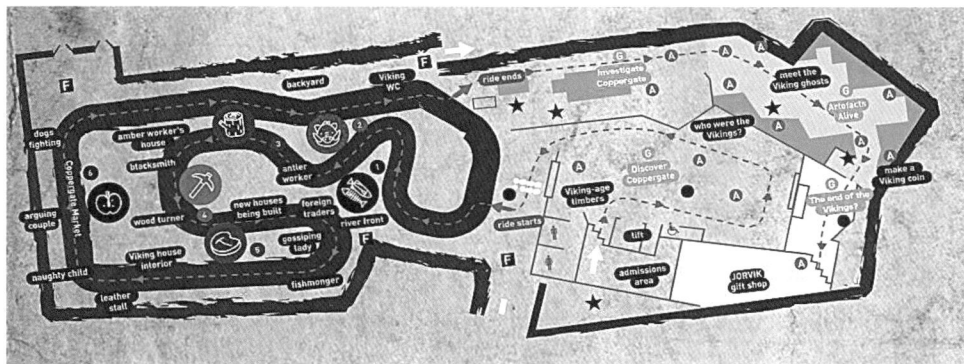

图2-10　英国约克维京中心平面动线图
（采自维京中心出版画册）

图2-11　英国约克维京中心的多感官场景复原展示
（黄洋 摄）

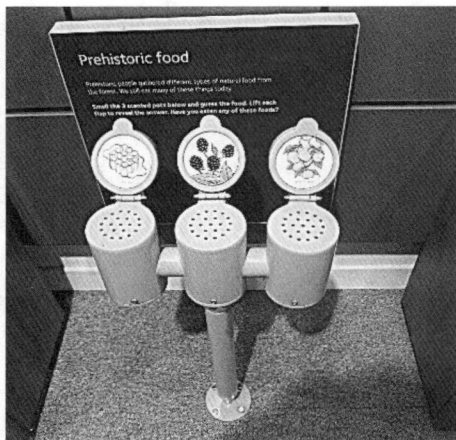

图2-12 英国利兹城市博物馆（Leeds City Museum）让观众闻史前食物的气味（黄洋 摄）

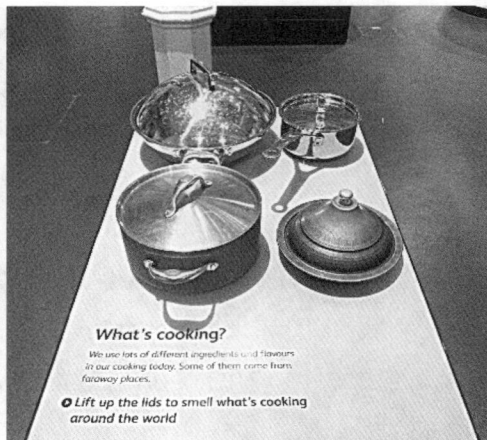

图2-13 英国苏格兰国家博物馆（National Museum of Scotland）让观众掀开盖子闻各国烹饪的味道（黄洋 摄）

第三讲

博物馆陈列展览与其他业务工作关系

博物馆可视为一种非经济领域的生产单位，实际存在一个"物"的生产流通过程，博物馆的收藏、研究、展示、教育职能在该过程中得以发挥，并根据不同的职能要求而分化出若干具有相对独立性的工作部门。博物馆的最终职能在于向观众传播知识和信息，由此我们可以把从征集到陈列的绝大部分博物馆内业务工作看作生产环节，而消费环节则主要体现在观众的参观利用上。博物馆将一般的"物"变为对社会"有价值的存在"的生产加工过程中，并不对"物"本身做物理或化学意义的变形，而是做了心理意义或信息功能方面的增值。相应地，消费环节也不是物质性的，而是精神性的，人们常用"精神食粮"一词比喻博物馆的陈列展览。

我国传统博物馆的机构设置采取三部一室制，即保管部负责藏品管理，陈列部负责陈列展览的制作和维护，社教部负责开放区域日常管理、讲解及教育活动的策划和开展，办公室负责行政事务和安全保卫，前三个部门属于业务部门，办公室属于事务部门。随着博物馆事业的发展，很多博物馆都衍生出了新的部门，如信息部、对外交流部等，但在整个博物馆中，陈列展览工作与多个部门都发生关系。

第一节

收藏——博物馆陈列展览的根基

博物馆各业务部门之间是一个链条关系，直观地看，这条职能链的开端是"征集"工作，有的博物馆专门成立"藏品征集部"，接下来的是"保管"工作，多称"藏品保管部"。这两个业务部门均属"收藏"职能范围。直观地看"物"的流通运动过程，似乎征集工作排在最前面，实际上这只限于"被动征集"的情形，如果是正常情况下的主动征集，自然要以一系列调查研究工作为前提，这才能形成有计划、有目的的征集行为。在博物馆的各业务工作中，征集工作较多地同保管和藏品研究工作发生业务关系，其实征集工作的质量对所有后续业务都有很大影响，因为物是博物馆一切业务工作的基础，博物馆无物不立。

征集工作完成后的下一个直接环节就是移交给藏品保管部门登记入藏。因此，相对来说保管工作同征集工作形成的关系比较被动，即你征集什么我就保管什么，而陈列工作则要主动一些，似乎永不满足。陈列部门应将现有主题陈列中展品空白或薄弱的部分作为要求反馈给征集部门，以使征集工作的规划更具目的性和主动性。

我国博物馆采取部门分工制，其缺点在于容易产生有碍统一协作的"部门主义"狭隘思想，中外学者对此都有共识。就收集与陈列的关系而言，观念上统一协调的互动关系往往落实不到操作层次的具体工作中来。收集工作着眼于实物的科研、艺术及收藏价值，在选择时比较注重典型性，而容易忽略环境背景性的伴出品收集和相关信息记录。换言之，实物资料的广度和相关记录（照片、实测图、录音、录像等）的深度都是一个连续的变量，在收集工作现场都有一个选择问题。实际工作中往往以是否属于撰写发掘（收集）报告和科研论文所必需的材料来衡量，是者收取，非者回填，不再顾及其他。这样工作或许能减轻返程携带、室内整理，乃至保管工作的负担，并且不会影响收集报告和科研论著的质量，但无意中却会影响未来陈列工作的质量。因为田野工作认为不必收集的东西，恰恰有可能是陈列工作所需要的东西。

处理好陈列与征集的关系在于两点。

一是陈列展览对征集提出合理要求，逐步构建博物馆科学藏品体系。在现在很多地方博物馆的建设过程中，往往都会设置一个基本陈列以展现地方历史文化特色，通常称为"地方通史展"。然而，地方博物馆藏品支撑不足成为最大的弊端。经济条件好的地方在博物馆建设时会配套相应的专项文物征集经费用于文物征集，但是大多数博物馆都没有这么好的条件。因此，地方博物馆科学藏品体系的构建非常重要，这是保证地方博物馆个性化特征的关键。

二是培养征集部门的"广播"意识。收集工作者在现场并非没有考虑到未来的"传播"问题，换言之，他们能意识到进行收集不是为了供自己观赏或收藏，而是为了给别人提供认识世界的材料。出于职业分工的原因，他们所想到的传播方式就是撰写书面形式的发掘报告或科研论著，其利用者无非专家学者或同行。所以，由他们所做的传播实属"窄播"而非"广播"，在表达形式上追求的是科学性和逻辑性，而形象性和艺术性则是不重要的。这样的传播本身无可厚非，因为它毕竟迎合了某种社会需要。问题在于，收集工作者的"窄播"意识会不自觉地影响他们的收集眼光，影响他们在田野工作现场的取舍标准，有些可为"广播"所用的材料难免被列为回填或放弃的对象，顶多拍几张照片或手绘几张草图了事。

相比而言，陈列展览属于"广播"，其利用者（观众）层面相当广泛，他们大都是非专业人员，文化水平参差，参观不带有强制性。凡此都要求陈列展览必须符合观众特点，即不仅要科学化（知识性），还要艺术化（趣味性和吸引力），是以"雅俗共赏"为标准的。所以，陈列工作质量的提高，不仅有赖于收集工作能提供出高质量的典型展品，同时期待他们能提供丰富的相关背景材料。就背景材料来说，手绘草图不如照片，照片不如录像，录像不如实物。虽然陈列语言不限定背景材料的形式，但背景材料的质量往往影响陈列语言的质量。下面以收集考古发掘出土遗物说明。考古工作者在田野发掘工地现场意识到自己的工作是在为其他研究者和全社会提供考古研究材料，是"传播"的问题。但是，囿于职业的局限，他们的传播方式局限于编写发掘简报和发掘报告，或者发表专业论著，其利用者大多是考古圈内同行或专家学者。他们的传播只能说是"窄播"而非"广播"。所谓"窄播"，主要是指考古工作者认为自己主要面向的是考古文博行业的专家学者而非普通公众。而博物馆的陈列展览工作人员面对的是公众，做的是"广播"的工作。考古工作者要树立"广播"意识，也就是在考古发掘和考古研究时，要想到自己面对的是广大公众。从考古遗址博物馆的角度来说，考古工作者的"广播"应该是指考古成果的利用者主要是考古遗址博物馆的展览内容策划人员和形式设计人员，甚至还有教育服务人员，他们都并非专业的考古学家。考古工作是这些博物馆人员开展业务工作的基础，考古工作者要将自己的研究"广播"给这些人员，以便于他们利用，进而将考古信息"广播"给广大公众。征集部门的人员在日常征集工作中，要有充分的"广播"意识，预想到这样的物品将来在展览或教育活动中是否受观众的欢迎。

随着时代的发展，博物馆的功能也在发生变化，所征集文物的目标也不断更新。国际博物馆协会从成立以来，就在不断地根据时代变化适时地修改关于博物馆的定义。博物馆是个收藏机构毋庸置疑，但是国际博协对于收藏对象的表述经过多次变化：1956年是"具有文化价值的艺术的、历史的、科学和技术的藏品和标本"；1961年是"具有文化和科学重要性的藏品"；1989年、1995年和2001年是"人类及人类环境的物证"；2007年是"人类及人类环境的物质及非物质遗产"。可以看出，博物馆收藏的范围不断在扩张。改革开放40年，中国发生了翻天覆地的变化，中国有很多城市面貌也改变了，而伴随着发展也出现了一些千城一面、文化缺失、古物损毁等不良的文化现象。一些博物馆也开始抢救性征集保护一些今天的物品。

国际博物馆协会把1996年博物馆日的主题确定为"为明天而收藏今天"，就是告诉人们不仅要"为今天而收藏昨天"，还要更多地关注人类的"今天"。为了未来人类的记忆，相当多的博物馆也意识到收藏"今天"的必要。在博物馆的收藏方面，许多现代和当代物件成了博物馆的珍宝。越来越多的博物馆开始收藏、陈列有价值的当代物件，特别是与百姓生活息息相关，反映近现代甚至当代社会生活变迁的实物和档案资料。为配合以人为本的新型城镇化建设，保存1949年以来特别是改革开放以来中国社会经济发展的相关实物物证，以及构成藏品体系必需的1949

年以前的实物，"为明天收藏今天"，拓展博物馆职能，构建中国经济社会发展物证藏品体系，充分发挥各级博物馆，特别是基层博物馆在配合中心工作、凝固家国记忆、留住乡愁和文化传承等方面的积极作用，国家文物局于2015年3月发出了开展"经济社会发展变迁物证征藏"试点工作通知，经过审核筛选，最后确定了首都博物馆、建川博物馆、山西省民俗博物馆、山东博物馆和深圳博物馆5家博物馆作为首批试点单位。此次试点工作成果显著。此后越来越多的国有博物馆开始重视收藏今天。陕西历史博物馆在1年的时间里，共征集到包括票证、生产工具、生活用品、交通通讯器材、家用电器、文体娱乐等类别物证共计1 323件，其中包括向阳牌大型照相机、北京牌电视机、布伦瑞克手摇计算机、陕西渭南庄里瓷厂瓷器、西安人民搪瓷厂搪瓷器等一大批功能完好、具有时代特色，能反映陕西在新中国建立前后经济社会发展变迁的重要藏品。此后，陕西历史博物馆于2017年首个"文化和自然遗产日"举办了"岁月如歌——陕西民国以来经济社会发展变迁物证展"，以物代史，展现了中国特别是陕西自民国以来近百年来的发展历程。通过百余件曾经与老辈人息息相关的老物件，勾勒出陕西近百年来社会生活变迁的掠影。结合展览，陕西历史博物馆还向社会各界发起倡议并发放倡议书，呼吁社会公众保护好身边的"老家什"，守住老祖宗留下的物质与精神财富，从小做起，从我做起，为保护传承城市文脉做出自己应有的贡献。

第二节

保管——博物馆陈列展览的保证

保管部门管理工作的对象是经过鉴选而作为国家文化财产的博物馆藏品。藏品是博物馆开展各项活动的物质基础，离开了藏品，展览、教育就无从谈起。所以，管理只是手段，使用才是目的。或者说，藏品保管要研究的主要内容应该是如何科学地、久远地、方便地使用藏品。但从理论上讲，藏品的保管和利用本身就是一对矛盾。虽说保管终究是为了利用，但毕竟不同于一般货物仓库的消耗性提取，尤其文物藏品多具有不可再生性，社会赋予博物馆以收藏职能，保管部门因此具有相对的独立存在意义。保管属于基础职能，在全馆工序链中处于收集和利用之间，与陈列工作关系密切，保管较少受陈列制约，而陈列较多受保管制约，这导致实际工作中出现单向的依赖关系。从陈列展览工作的期待和要求来看，至少可以从以下两方面协调保管与陈列的关系。

首先，陈列展览工作要在熟悉馆藏基础上进行，熟悉程度越深越有助于开展策划与设计构思，这是陈列工作特点之一。进库房逐件目测实物，或许是掌握馆藏的理想途径，但这样无疑会扰乱保管工作秩序，使保管员不堪负担。博物馆很难像图书馆那样开架检索，藏品毕竟不同于藏书。实际上，陈列展览工作并非每一步都要以目测为前提，至少展览脚本的编撰工作完全可以通过编目卡检索来确定所需资料的大致范围，到形式设计阶段根据脚本中的展品目录提出目测要求时，就不是那么漫无边际了，时间安排也没有随意性，甚至可以将预选展品集中于库内的准备工作室，这才不至于扰乱保管工作秩序，使保管员疲于应付。

在计算机尚未普及的时代，藏品编目卡的填写制作显得尤为重要。藏品编目卡，表面看来是一张印刷纸卡片，但它的内容是十分重要的。简言之，编目卡是藏品的缩影，是对藏品的外延和内涵的简要说明，也是从历史、艺术、科学技术三个方面对藏品的较全面的剖析与评价。编目卡虽小，但其学问大，写在它上面的一字一句都是要为博物馆的全部业务负责的。藏品编目的目的不仅仅是为了保管人员日常工作使用，主要是为了千千万万到博物馆来参观、学习和索取研究资料的人。而且，"予人方便"才是藏品保管工作的最终目的。博物馆最终要把自己的编目卡对外开放，让每一个需要查阅"真迹"的人像索取图书一样在我们特设的参考室里看到他所需的实物资料。博物馆陈列展览的人员在筹办展览时也需要详细地了解实物。

随着计算机技术的发展与普及，博物馆藏品保管工作逐步数字化。2000年之后，很多博物馆都建立了博物馆藏品信息管理系统。从2012年开始的历经5年的第一次全国可移动文物普查工作共普查全国可移动文物共计10 815万件／套。其中，完成登录备案的国有可移动文物2 661万件／套（实际数量6 407万件），纳入普查统计的各级档案机构的纸质历史档案8 154万卷／件。这更有利于陈列展览部门在筹划展览时使用藏品信息，遴选展品。

其次，博物馆的每件藏品都有丰富的信息，藏品保管员的一项重要工作就是清楚地记录并保管信息。其实，藏品保管部保管的不仅是物的本身，还有物的信息。博物馆陈列展览所注重的传播内容在于展品的内涵价值。陈列工作者根据陈列主题选择展品时，首先着眼于藏品的内涵价值，其次才考虑形态（审美表现力）价值。一件文物藏品的价值并不能完全由造型表达出来，有相当一部分价值是通过后人的记录或研究，以信息资料形式赋予它的。因而对一件藏品来说，若不附带任何相关信息资料（主要指收集记录和研究论述），价值则会减半。相关信息资料也是陈列设计构思和展品选择的主要依据，要求保管部除了提供藏品（实物资料）以外，还要提供相应的信息资料，由此可见藏品档案工作的重要性。然而，实际工作中又很容易忽视它，表现在只满足于名称、时代、来源、尺寸、质地、现状描述及形态照片等用于编目的基本鉴定材料收集，而相关科研论著的卡片回注和收集不够及时，从收集工作者那里移交来的现场记录往往不够齐全，这显然不利于藏品的利用。

再次，如果说，每一个从事藏品管理的保管员是"管家人"的话，那么他所管的这个家，是一个拥有上百万年历史的丰富多彩、琳琅满目的历史文化之家。作为管家，保管员自然对博物馆库房的文物如数家珍。因此，某一件文物是否在库，目前状态如何，物的状态是否适合展出，这些问题保管员是最为清楚的。因此在每次陈列展览策划之前，博物馆都应该召开藏品保管员座谈会，着重解决几个问题：本馆收藏的特色是什么？本馆最重要的收藏是什么？哪些是必须向观众展示的？最能体现本地区历史文化特点的藏品是什么？能作为重要历史事件与人物物证的材料有哪些？有哪些藏品是成系列的，反映怎样的历史文化？

第三节

研究——博物馆陈列展览的支撑

围绕藏品开展科学研究，是博物馆职能之一，但不像馆内其他业务那样指定权力和责任者，研究人员是分散的，甚至是社会化的。有一种观点认为，陈列展览是目的，研究是为达到此目的所采用的手段，因而研究和陈列是一体化的。博物馆研究工作的特点之一，在于它的成果发表形式就是陈列展览，果真如此的话，就不存在陈列与研究的工作关系问题了。但用"目的"和"手段"来形容两者的关系，这种描述不尽符合实际。藏品研究工作是从科学角度为藏品做时空定位的行为，是为藏品增值的过程；藏品研究也是人们对客观事物的认识行为，认识程度会受各种因素影响而有深浅差异，往往不是一次性的工作，某件藏品选为展品后并不意味着研究工作的终结；科研成果本身也是博物馆的一种最终产品，可以论著出版物或专业学术会议的演讲口述等形式直接服务于社会，尽管服务范围不广泛（大多数时候限于专业人员），但其社会影响和价值却不可低估；正如展品数与藏品量的关系一样，主题陈列只揭示藏品价值的局部而非全部，故难以用陈列展览来全面体现和衡量科研水平。总之，藏品及相关学科研究有其一定的目的和独立意义，不应笼统地视为仅仅服务于陈列展览的手段。但是，研究工作的确是陈列展览工作的重要学术支撑。

陈列工作同研究工作有很大区别，即陈列工作考虑的不再是确定藏品的时空位置，而是根据研究成果确定藏品在陈列展览结构中的位置；它不是对藏品内涵的探索和发现，而是根据已有的认识将藏品内涵做通俗化表达；两者是发现创造与转化利用的关系，类似科学研究与科学普及的关系。陈列工作属于传播行为，是"翻译者"，承担着将科学语言转换成通俗语言的任务，发挥着将科研成果奉还给社会大众的"桥梁"作用。

陈列与研究，两者虽不等同，但关系十分密切，展品选择和展品阐释的依据都是由藏品研究工作提供的。这就要求陈列工作者（尤其是内容策划人员）具备研究者的素质，至少具备理解藏品研究成果和相关学科知识的能力。实际上，陈列内容策划人员往往本身就是藏品研究者，或者展览内容策划工作直接由藏品研究者承担。但即使如此，陈列设计者并不能包揽全部馆藏品研究，在很大程度上仍是利用他人研究成果开展工作的，职能分工不无道理。因而实际存在着研究与陈列之间的协作关系问题。陈列工作无疑地要依托研究工作，但现实中博物馆很难从制度上保障（有时也无法保障）研究必为陈列提供相关学术支撑。而陈列展览工作又是藏品研究成果利用最频繁的部门，势必对研究工作有更多的期待和要求。

藏品研究从工作上可分为基本鉴定和深入研究。前者指确定名称、时代、作者、质地、尺寸、来源等基础工作，它是将征集品转化为藏品的前提，更是展品选择和确定主题结构的依据。基本鉴定虽非易事，但不像深入研究那样旷日持久，尽管有的基本鉴定内容被后来的研究所修正，但在一般情况下，当征集者将藏品提交给保管员编目时就已经完成了。因而对陈列工作来说，问题不在于基本鉴定，而在于对深入研究成果的利用和转化。所谓深入研究，就不像基本鉴定那样限于编目卡片式的时空定位和形态描述，而是从人类和社会生活的多种角度（包括政治、经济、军事、科技、艺术、风俗、信仰等）对藏品的内涵意义（价值）进行深入阐释，并以文字材料为成果的存在方式，从陈列工作角度利用研究成果时，会感到有以下几个方面的问题。

首先，陈列展览工作要同时利用馆藏的实物资料和相关的文字材料，前者就是展品，后者为展品阐释依据，此可谓陈列部利用馆藏的工作特点，这样要求保管部门如上节所述完善藏品的相关信息。这个工作需要研究工作者的主动协作。即每当藏品研究成果发表后，研究者应及时将有关资料交给保管部存档，编目卡中的"有关资料"栏也要及时回注。这应从制度上做出规定，使研究者有义务和责任协助保管部完善藏品档案工作。

其次，若仅以论著发表资料作为藏品深入研究成果的标志，则会发现馆藏文物中可能很少一部分才有相关论著。并非每件藏品都能成为正式发表的内容，许多藏品的相关资料除了编目卡上的内容以外再无其他。某件藏品未经深入研究，有多种原因，其中主要原因是该藏品在本馆或国内属于重复出现的常见资料，已有研究发表在先，因而失去了正式发表的价值。不过，失去"窄播"价值不等于失去"广播"价值，只要经过了基本鉴定，它仍可被用为展品，只不过这类展品的阐释依据了其间接材料。根据经验，这种未经深入研究的展品不在少数。

最后，一件藏品所含的价值可能是多方面的，例如一件有铭文的商周青铜器，其器型可能具有考古学断代标尺的价值，其纹饰有美术史或宗教学的价值，铭文有历史学或古文字学价值，其铜料经金相分析又有科技史方面的价值等等。相应地，陈列主题也是多样化的，一件藏品可成为若干主题陈列中的展品。但就某一个主题陈列而言，它往往只表达或揭示展品某一方面而非全部的价值。例如一件青铜器在艺术类陈列展览中和在通史陈列或科技史陈列中所揭示的价值有不同的侧重点，展品说明牌并不同时呈现全部价值。问题在于，正式发表的深入研究成果往往具有相对单一的专业学科性，不一定全面揭示藏品价值，这与陈列工作多角度利用藏品有不相对应之处，以致有时从研究论著中找不到展品阐释的依据。所以，从方便利用的角度着想，藏品的信息记录不应只限于正式发表的研究论著，而应该是多方面的。博物馆应该从制度上促使研究者承担这一责任，承认其劳动成果。

在筹划展览时，还有一类研究者非常重要，那就是地方史研究专家。陈列展览人员务必要召开与展览主题相关的研究者座谈会。弄清楚本地区历史文化中最值得展示的是什么？本地区历史文化中具有全国或全省影响的有哪些？本地区历史文化中最有特色的是什么？反映本地区历史文化的文献、照片、影像资料有哪些？

第四节

教育——博物馆陈列展览的延伸

博物馆陈列展览与教育的关系非常密切。这里所说的教育其实有两个层面的意思，即教育职能和教育活动。如果从教育职能理解，博物馆作为教育机构，陈列展览在教育职能中担任重要角色。如果从具体的教育活动看，教育活动可以说是陈列展览的有效补充与延伸。

陈列展览是教育活动的策划源泉。绝大多数的教育活动往往依靠博物馆的基本陈列和临时专题展览而策划，有时也会依据馆藏藏品开展。教育活动的组织策划并不是凭空想象的，其内容要以藏品为基础。

教育活动是陈列展览的有益补充。陈列展览是在某个展示空间传播信息，但囿于空间的不足和展示手段的局限，藏品背后的大量的隐性信息很难在有限的空间充分展示。同时观众在参观展览的过程中不停地行走，有时会感到疲劳，对展览会匆匆瞥过。配合展览组织策划的系列教育活动如讲座、专题导览、手工制作、互动游戏等可以更加深入地阐释某个展览主题，让观众并非是无聊地看展，通过丰富多彩的教育活动吸引观众的兴趣。2016年，北京市开展了"中小学生培育和践行社会主义核心价值观'四个一'活动"，即参加天安门升旗仪式一次，走进国家博物馆、首都博物馆和中国人民抗日战争纪念馆各一次。2017年度共组织约37万名学生参加了"四个一"活动，走进博物馆参观展览，参加教育活动，获得了很好的社会效益。

第四讲

博物馆陈列展览流程

第一节

博物馆陈列展览的构成要素

关于陈列展览的构成要素，我们首先要意识到，陈列展览是在一定"空间"发挥作用的。场地空间的大小，制约着陈列展览的规模。"空间"，亦即场所是第一要素；第二要素是意欲向观众传递的"思想"，包括意图、观点、想法；第三要素是"展品"，包括文物标本类的实物资料和信息类的资料；第四要素是通过展品来传递思想时所需要的"设备"，包括展具和传播装置；第五要素是制作这些设备所需的"资金"，即支付材料和人工费的经费预算；第六要素是陈列展览工程所需的"时间"。亦即，陈列展览的构成要素有6项："空间""思想""展品""技术""资金""时间"。无论缺少其中哪一项要素，都办不成或办不好陈列展览。

一、空间

博物馆选址是建筑设计前期工作中的重要环节。选址宜在地点适中、交通便利、城市公用设施比较完备的地段，其周围应没有污染源，场地干燥，排水通畅，通风良好。具体有以下10项原则。

（1）建筑设计符合工艺设计是博物馆建筑设计的根本原则。博物馆在提出建筑设计任务时，必须先期进行博物馆工艺设计的研究。工艺设计重点研究的内容主要是参观线路、内部工作人员行走路线及藏品运送路线三线的合理安排，展厅、库房及其他业务用房面积的适当分配，文物、标本保护温度、湿度的参数及各项相应的装备、设施等。

（2）在确定先工艺设计、后建筑设计工作程序的同时，博物馆工作者与建筑师之间应建立密切合作的关系。

（3）建筑方案的确定应该经过科学的严密论证，广泛与博物馆保管人员、陈列、研究人员、宣教工作者、文物保护科技工作者等进行综合讨论研究，并听取城市规划、气象学、环境学、社会学等方面专家学者的意见。

（4）博物馆建筑设计的重点是展厅和库房的设计。其中，展厅设计重点是妥善解决平面与空间布局中系统性、顺序性与灵活性相结合的问题，以及采光、照明问题。库房设计重点是建筑防潮、保温、密封性，保证库房小气候稳定问题。在展厅与库房之间应考虑到藏品运送的安全，凡藏品所经之过道、走廊、门厅、庭园、均不宜设置台阶，二层以上的库房、展厅均应设置客货两用电梯。

（5）博物馆建筑防盗、防火必须严格遵照国家的防范规定。博物馆与四邻建筑应保持相当距离，以隔离外来火灾。

（6）博物馆建筑外貌应当反映博物馆的性质特征，不同地区不同性质的博物馆应该具有个性特色。现代博物馆建筑要反映现代博物馆的风貌，在提倡博物馆建筑形式民族化的同时，反对建筑创作上的形式主义。

（7）博物馆设计不仅要满足当前的使用要求，而且要预计将来的发展，博物馆事业总是随着社会进步和文化建设的需要而发展的。博物馆建筑总平面规划，应为将来发展准备好扩建增建的余地。

（8）根据博物馆的性质、级别和所在地区的地质情况确定相应的防震等级，做好建筑物的防震处理。

（9）博物馆建设经费的筹划与分配不仅要研究当前基建与设备投资的合理分配，而且要考虑到装修投资及建成后常年维护管理和能耗的经济性。

（10）如利用古建筑改为博物馆，须保持古建筑本身及周围环境的风貌，并遵守各项文物法规、消防法规等，做好防火、防盗及陈列展览等基本功能方面的设计。但藏品库房仍以新建为宜。

展厅和库房是博物馆建筑的主体，相比而言展厅处在博物馆"前台"位置上，是博物馆的"面孔"。观众到博物馆参观主要是在展厅里活动，它是公共性的开放场所。展厅的使用功能复杂，既要保护展品不受自然或人为因素的损伤，又要有大量人流行走和活动的空间，对建筑结构要求很高；既要便于观众参观，又要具有一定的艺术气氛。所以，展厅处于最重要的地位，是博物馆建筑设计的重点，对陈列展览工作乃至整个博物馆的形象都有直接的影响。

《博物馆建筑设计规范（JGJ66—2015）》中4.1.3的强制性条文规定，博物馆建筑的藏（展）品出入口、观众出入口、员工出入口应分开设置。可见，博物馆的展厅应该是相对独立的空间。

陈列展览区的平面组合应满足陈列内容的系统性、顺序性和观众选择性参观的需要；观众流线的组织应避免重复、交叉、缺漏；除小型馆外，临时展厅应能独立开放、布展、撤展；当个别展厅封闭维护或布展调整时，其他展厅应能正常开放。可以看出按照观众习惯，陈列展览的观众流线一般应顺时针设置，并且要区别不同的展厅空间。

《博物馆建筑设计规范（JGJ66—2015）》中还对展厅的平面设计提出要求：分间及面积应满足陈列内容（或展项）完整性、展品布置及展线长度的要求，并应满足展陈设计适度调整的需要；应满足观众观展、通行、休息和抄录、临摹的需要。其中还对展厅的柱距、净高都做了明确要求。

建筑与展览的关系，即形式与功能的辨析。19世纪美国芝加哥学派的中坚人物路易斯·沙利文（Louis Sullivan）首次提出了著名的"形式追随功能"的思想，简而言之，就是说一个建筑的形态、外观应该真实地反映建筑功能，而不需要冗余的装饰，设计应主要追求功能，而使建筑的表现形式随功能而改变。这恰当地说明了博物馆建筑与展览的关系。

博物馆的建筑与陈列展览的关系有几种不同的情况。

对于新建博物馆而言，从博物馆建设流程看，一般是博物馆建筑设计和施工在先，完成交付给博物馆后，博物馆再着手进行陈列展览设计。如果是这样的情况，那陈列展览的内容策划和形式设计就只能迁就博物馆的建筑空间。当然，随着博物馆建设工程项目越来越多，操作上也愈发合理规范。现在博物馆业主方一般都会提供《博物馆建筑设计任务书》给建筑设计单位，提出具体要求，关于展厅的要求，最理想的状况是先有博物馆陈列展览脚本，然后根据具体的展示要求提出详细的展厅计划，可能局部需要净高较高，局部需要一个大面积没有网柱的空间等。建筑设计任务书在博物馆项目建设环节占有举足轻重的地位，它作为建筑设计过程中的主要依据，一方面显示出设计深度，即博物馆业主方对工程项目设计提出的要求，其最终成果既要达到满足需求的设计理念，另外一方面又展示出规划报建必须达到的基本条件。

而改扩建的博物馆建筑又有不同。改建往往是将文物古建、工业遗产等原有空间改做博物馆建筑空间使用，这样的改建往往要保留原有建筑的整体风貌与结构，所以不能大刀阔斧改造，有时这样的空间会对随后的陈列展览造成一定影响。而扩建往往是博物馆意识到现有建筑面积过小，不能满足博物馆使用要求而对面积增加扩建，这种情况往往会考虑全面，把原有建筑的使用弊端在扩建时尽量避免。

对于临时展览而言，其基本上是在现有的临时展厅中完成，面积、层高、柱距都是确定的且不能变更，因此没有太多选择，展览的内容策划和形式设计只能适应现有的临时展厅空间，有时可能还要做出让步和牺牲。

二、思　想

博物馆陈列展览是博物馆展览人员与观众沟通的桥梁，通过这个媒介，展览人员把意欲传达的思想进行有效的传播。从设计的定义也可以看出，设就是设想，就是策展人员的思想。陈列展览的思想必须做到两点。

一是要传播的思想必须深入浅出。传播的基础就是通俗易懂，没有这个基础，再好的思想对于观众来说都毫无意义。因为一切思想必须是要交流的。没有交流就谈不上思想。没有交流的思想就是个人的空想。如果一个陈列展览不能够引起观众的共鸣，对观众产生影响，那这样的陈列展览也是没有高度和意义的。

二是要传播的思想必须切实可行。如果策展人员的思想天马行空，空间局限，或技术手段不成熟，或形式不能够落地实现，那再有创意的思想也只能停留在想象阶段了。

关于这个问题，下述章节有深入讨论。

三、展　品

谈到博物馆的展品，容易联想到那些放在展柜里的文物或标本。其实，所有在陈列中发挥着传媒作用的物品均属展品范畴，不管它是否由藏品转化而来，都是陈列展览的展品（传播媒介）。当代博物馆的展厅已不再是那种纯粹收藏形态的罗列，除了由藏品转化而来的文物标本展品外，还有很多其他一些不具收藏价值的物品在同时发挥着传播媒介的作用，如说明牌、图文展版、照片、模型、多媒体等，这些后于陈列设计而产生的信息展品基本上没有永久收藏和科学研究的价值，只具有单一的信息传播功能。我国博物馆界通常称这类展品为"辅助展品"，所谓"辅助"只可理解为辅助人们理解主题思想之意，并不意味着它们所占的展出空间、体积尺寸、传递含义的重要程度等比实物真品低一等。随着博物馆陈列展览从"器物定位型"向"信息定位型"的转变，信息展品的开发利用问题变得越来越重要，在许多场合，它们往往扮演着主要角色，可称"信息展品"。从研究角度看，"实物真品"可称第一手资料，"信息展品"可称第二手资料。

无论如何，博物馆陈列展览是一个有机的系统，各种展品都必不可少，各类展品都分别具有各自的价值和作用。根据这种观点，可将展品分为以下几类。

1. 实物

通俗地讲，就是观众口中所谓的"真品"。在种类上分为植物、动物、矿物、金属等，是由单独加工或复合加工而成的。在来源方面可分为收购、考古发掘、地面采集、借入、捐赠、寄存、交换、移交等。实物真品一般都具有永久性收藏价值，因而在展出时首先必须考虑相应的展品保护措施，使用展柜等各种手段的目的在于防止自然因素（灰尘、紫外线、温湿度等）或人为因素（触摸、碰撞、偷盗等）致伤展品，这成为实物展出的附加条件。但也要知道，这种防护措施并非出于陈列展览信息传播功能的需要，它们往往会成为影响传播质量的制约因素。例如，英国自然史博物馆"人类在进化史中的位置"陈列中，有一件古人类头盖骨展品，其背面有一颗牙齿是信息要点，应该展示给观众看，但因其珍贵性不得不置于玻璃柜中展出，这样一来，观众又难以看清牙齿。设计者采用制作复制品放在柜外供观众触摸的辅助措施，使展品保护与信息传播的目的达到统一。同时，也有实物展出不采取隔离措施的（见图4-1）。

另外，按实物展品的原始功能划分为美术作品和科技性展品，这对陈列展览工作而言是很有意义的，因为这一区别制约着陈列展览表现手法的不同构思方向——

美术作品是可以同观众直接产生交流对话的，而科技性展品却因形态外观不能直接传达内涵意义，因此在传播上有着明显的局限性。所以，在美术陈列展览中，实物真品既是手段又是目的；而在科技陈列中，实物真品应更多地被视为一种手段，期待它们发挥的重要作用是"物证"，使观众确信观念性陈列主题思想的真实性和可靠性，而不应指望实物真品能如美术作品那样单凭自身就能产生视觉语言。

图4-1　大英博物馆的裸展陶器
（黄洋 摄）

然而，随着一件实物的展览甚至无实物展览的出现，学界也发出了"博物馆是否还需要实物？"的质疑。2009年，美国博物馆学家史蒂芬·康恩（Steven Conn）出版著作《博物馆是否还需要实物？》（*Do Museum Still Need Objects?*），作者认为艺术博物馆的藏品变化不大，但其他类型的博物馆——人类学博物馆、历史博物馆、自然科学博物馆及科学技术博物馆，不仅所展示的实物在数量上减少了，在功能上也出现了一定程度的弱化[1]。

2. 复制品

它是忠实再现客观事物的二维或三维辅助品。在陈列展览中使用复制品主要有以下几种原因。

一是有些实物是收集不到的，但却可能有相关的照片、图纸、文献记载留传下来，根据这种间接信息材料复制出来的东西，可以充当辅助展品。例如文献记载东汉科学家张衡曾发明了世界上第一台测定地震方向的地动仪，其灵敏度相当高，并曾成功测定了公元133年在陇西发生过的一次地震。博物馆根据文献对型制和原理

---

1. 史蒂芬·康恩著，傅翼译：《博物馆是否还需要实物？》，《中国博物馆》，2013年第2期，第2—22页。

的记载，做成地动仪复制品并放在通史陈列中展出（见图4-2），形象地展现了祖先的高度智慧。再如记里鼓车大约出现于东汉末年或三国时期，是一种能够自动播报行驶里程的车型机械装置。中国古代的记里鼓车，堪称现代里程表和减速器的祖先，是中国古代机械史上的伟大成就之一。1937年，王振铎先生对记里鼓车进行了复原，他制造的模型机械部分依据《宋史·舆服志》的记载，而外形则参考了东汉孝堂山画像石中的鼓车形象。为了让观众形象地看到这一消失的古代伟大发明，中国科学技术馆展出了记里鼓车的复制品（见图4-3）。

图4-2　中国科学技术馆展出的地动仪复制品　　图4-3　中国科学技术馆展出的记里鼓车复制品
（陈红京 摄）　　　　　　　　　　　　　　　　　　　（黄洋 摄）

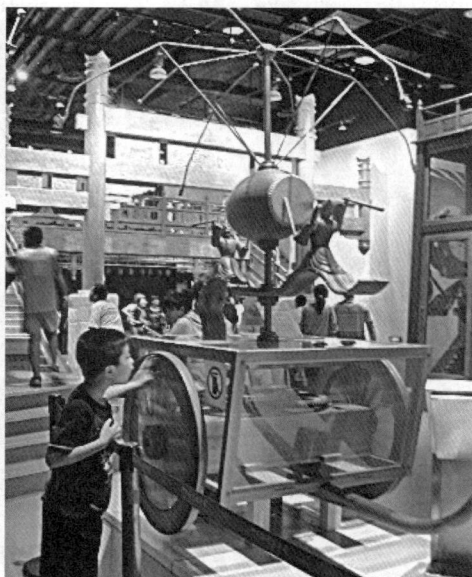

　　二是一些文物等级较高，质地又对展出环境相对敏感，出于文物保护的原因，有些实物不宜公开展出或较长时间展出，则复制品就可代为发挥作用。例如2002年国家文物局发布了《文物出国（境）展览管理规定》，河北省博物院的金缕玉衣和长信宫灯都在其中，这些文物极其珍贵，展出的温湿度变化等都会对文物造成一定损坏，为了减少安全隐患，更好地保护文物，河北省博物院"大汉绝唱——满城汉墓"经常以复制品代替原物展出（见图4-4、图4-5）。或者是一些不可移动文物，无法搬迁到博物馆展厅来，经常也会采用复制品。如南京市博物馆（朝天宫）

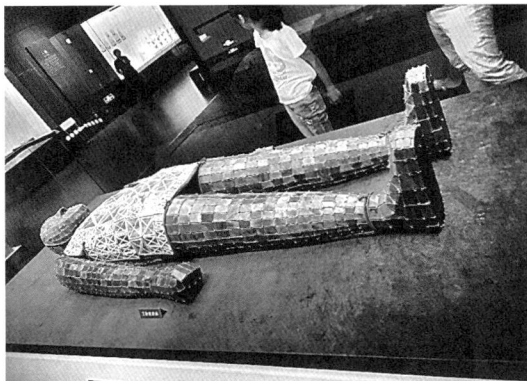

图4-4　河北省博物院"大汉绝唱"展出的金缕玉衣复制品
（黄洋 摄）

图4-5　河北省博物院"大汉绝唱"展出的长信宫灯复制品
（黄洋 摄）

图4-6　南京市博物馆"龙蟠虎踞"展出的辟邪复制品
（黄洋 摄）

展出的辟邪（见图4-6）。

　　三是出于传递特殊信息的要求而使用复制品。如在地质标本陈列中，有时想要向观众传递岩石标本重量的信息，这用形态是难以传达的，与其在说明牌上标写重量，不如制作相同重量的复制品放在柜外供观众亲手掂量。2016年，首都博物馆举办"王后·母亲·女将——纪念殷墟妇好墓考古发掘四十周年特展"，为了让观众感受青铜器的重量，根据实物制作的复制品放置于台子上，观众可以用手拿起来感

图4-7 首都博物馆"王后·母亲·女将"展出的
青铜器复制品
（黄洋 摄）

受重量（见图4-7）。由此看来，复制品虽然在研究者眼中没有什么价值，充其量是一种二手资料，但用在陈列展览传播中却有一些独到的长处，这一点往往为人们所忽视。

四是欲展出的实物并非本馆藏品，但在陈列展览中又占据重要地位，由于国别地域的原因不能借展，或即便短期借展，到期也要归还，所以只能通过复制品展出。这个情况在我国的博物馆中经常出现，省级博物馆的很多重要文物在1959年后都划拨给了中国国家博物馆，而很多地市、县的重要考古发现出土的实物也在省考古所或省博物馆中，目前的情况下很难调拨文物，所以地方博物馆在制作陈列展览时只能采用复制品的方式展出。如1982年，江苏盱眙南窑庄西汉窖藏出土金兽一件，呈豹形，蜷伏状，豹头枕伏于前腿之上颈部戴三轮项圈，头顶有一环纽，通体锤饰圆形斑纹，这种制造办法至今仍为孤例。这个金兽是中国古代金银器中的重中之重，现藏于南京博物院，也是南京博物院的镇院之宝之一。淮安市博物馆在基本陈列中要展示淮安西汉时期的历史文化，这么重要的文物不可避免地要利用，并且是重中之重，然而调拨原物回来几乎不可能，因此只能展出复制品来弥补这一缺憾（见图4-8）。

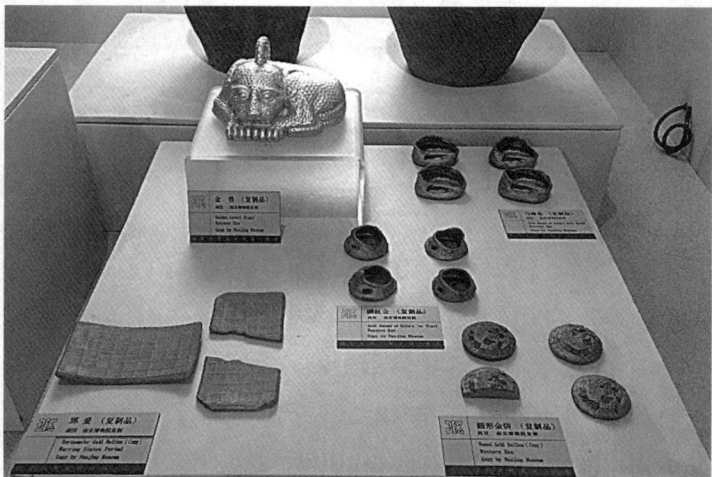

图4-8 淮安市博物馆展出的西汉金兽等复制品
（黄洋 摄）

除上述原因外，在实际展览中，还有特殊情况需要使用复制品。诸如雕塑、石刻等原物重量太大，展厅地板承重有限，从安全角度考虑，往往也会使用复制品代替原物展出。

在陈列展览中利用复制品时，至少有两个问题需要考虑。首先是科学性、准确性问题，若想使观众获得正确认识，那么复制品要在多大程度上与实物相近呢？作为信息展品，复制品主要是为了传播知识信息而制作的，那么制作时就要按欲传信息内容排列出准确性程度的主次关系，不必一切要素都以原物为准。例如博物馆展出的墓葬棺椁的复制品所要传达的信息内容主要是外观的形制、尺寸以及纹饰图案，那么复制品在这些方面应力求精确，而观众看不到或看不清的地方，如棺木材料，则不必仿真，否则就是无效的高额投资，且不便于陈列工作中必不可少的频繁移位。

另一个是需要考虑展出方式的问题。用复制品展出，应避免给人分不清真假的印象，且应该在说明牌上注明复制品字样。将复制品放在伸手不可及的展台上或用玻璃隔起来展出，有时欠妥。因此，在展厅中经常会听到观众询问展柜中物品的真假，只要观众能理解之所以不能展出实物的原因，是能够接受复制品的，但要注明，博物馆不能存心以假乱真，误导观众。如安阳博物馆展出的殷墟花园庄东地H3甲骨坑，应为复制品，但没有说明，容易引起误解（见图4-9）。

图4-9　安阳博物馆展出的殷墟花园庄东地H3甲骨坑复制品（黄洋 摄）

3. 模型

当陈列展览所需的展品属于无法获取真品的事物（如太阳系星座结构、地球内部结构等），或者实物体积过于庞大或过于微小时，即可用模型进行三维显示。模型犹如立体的图解，其制作比例可以是原大的，也可以是放大或缩小的；根据陈列需要，有的是模仿真品外形，有的则脱离原物外形，只要使观众理解模型本身所负载的信息即可，因而在表现形态上富有很大的可塑性。模仿真品外形的，包括地形模型、建筑模型、民宅模型、古建筑模型、古生物模型、小动物的放大模型、船舶模型、汽车模型、飞机模型等。脱离原物外形的包括系统模型（如原子核、遗传因子、天体运行、结晶）和剖面模型（如古塔、墓葬、房屋、造像、楼阁、蒸汽机车、汽车、船舶、高炉、原子炉、坑道、隧道、地球、火山、人体、动物）等（见图4-10～图4-18）。

图4-10 中国地质博物馆地球厅展出的地球模型
（黄洋 摄）

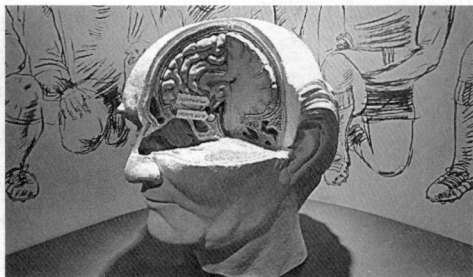

图4-11 英国伦敦自然历史博物馆展出的人类大脑解剖模型
（黄洋 摄）

图4-12 英国格拉斯哥动物学博物馆（Zoology Museum）展出的鸟类解剖骨骼模型
（黄洋 摄）

图4-13　英国格拉斯哥凯文葛罗夫美术博物馆
（Kelvingrove Art Gallery and Museum）展出的老虎标本模型
（黄洋 摄）

图4-14　英国V&A博物馆陶瓷展厅展出的黏土分
子结构模型
（黄洋 摄）

图4-15　日本铁道博物馆展出的火车头解剖模型
（黄洋 摄）

图4-16　西安半坡博物馆遗址大厅展出的房屋建
造模型
（黄洋 摄）

图4-17　安阳博物馆展出的殷墟武官大墓微缩模型
（黄洋 摄）

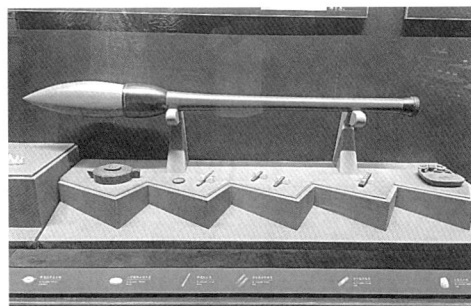

图4-18　河北蔚县博物馆展出的放大比例的毛笔
模型
（黄洋 摄）

　　模型的优点在于能够强调特征，显示内在相互关系或空间相互关系，以及显示质感和形态信息，将一些日常生活中见不到的现象呈现给观众，它既有形象成分，又有抽象成分，使观众一目了然。例如体积太大观众不可能看到的地球模型、平时无法看到的动物骨骼模型、普通人肉眼无法看到的分子结构模型、建筑缩比再现某个民族聚落的模型、不可移动文物的微缩模型等，都有独到的长处。

　　关于模型，有以下需要注意的地方。

　　首先，陈列展览的传播目的支配着模型性质，主要限于已研究过并已收集了相关图纸和文献资料的场合，才被用作展品。若仅仅是设想，尚未对模型制作所需资料进行研究和收集，则应打消制作模型的念头。水排是利用水力进行鼓风的冶炼设备，公元31年由东汉杜诗在南阳（今河南南阳）创制。它利用水力冲击水轮，以拨动皮制排橐（tuó，古代的一种鼓风吹火器）鼓风，提高了效率。为了让观众更好地了解这一伟大发明，中国国家博物馆"古代中国"展览中，根据《后汉书·杜诗传》和元代王祯《农书》立轮水排，按照1:10的比例制作展出了水排模型（见图4-19）。

　　其次，展出缩比模型时，为便于观众理解真品实物的实际大小，应附加参照尺度。民族聚落模型可通过其中的人物模型来对比，区域地理模型则应该标写比例尺。上述水排模型的说明牌上就详细标识出了制作比例为1:10，然而有时不标写参考尺度，会给观众造成不便。如2017年南京市博物馆"China与世界——海上丝绸之路沉船与贸易瓷器大展"中展出了很多古代航船模型，但是没有标注比例尺，让观众无从想象原船的大小（见图4-20）。

图4-19　中国国家博物馆"古代中国"展出的水排模型
（黄洋 摄）

图4-20　南京市博物馆（朝
天宫）"China与世界"展出
的古代航船模型
（黄洋 摄）

最后，模型虽颇能吸引观众，但也是一把双刃剑，若能较好地利用其魅力，就能将观众的注意力集中在陈列主题上。但若没有指导观众关注模型要点的提示成分，则难以获得预期效果，观众注意力只集中在局部，难免遗漏重要的关键信息。

4. 照片

那些体积过大或过小的原始资料，即使有也收集不到的东西，过去的事物、遥远地区或海底的事物、宇宙的事物等不可获取物，如果属于静态中也充分具有展示价值的事物，就可通过照片形式加以处理。照片是平面材料中最写实的，其用法颇能随机应变，与模型相比所需费用也不多，比其他手法更接近事物原貌。应用于陈列展览时，从一件事物到整体环境，无论什么东西都能显示出来。尤其在显示三维姿态和说服力（照片不夸张）方面颇具特色。照片与实物一样，不用中间媒介即能传递事实，并且容易使观众理解实际状态。如安阳殷墟妇好墓出土的三联甗底部有镂空，展示文物时并没有将底部呈现给观众，在后边的照片中，特意将中间的甗的底部露出，让观众一目了然（见图4-21）。

但根据国外学者的研究，照片也有一定的局限性，在利用照片时，须注意以下几个问题。

（1）照片会同时传递欲传信息以外的信息（如房间里站着人的照片，与欲传信息无关的各种事物也会显示出来）。

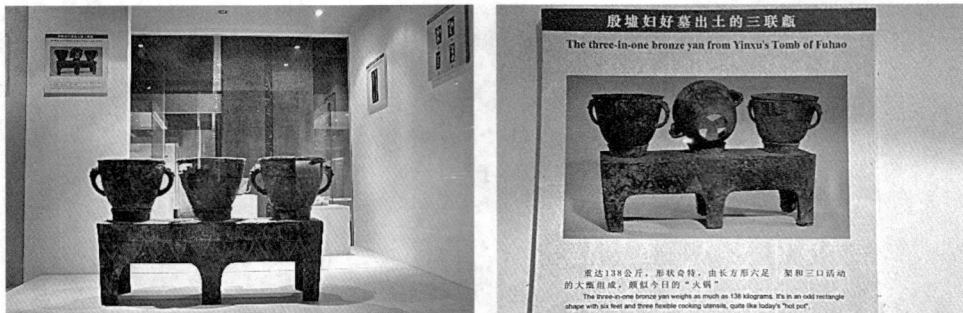

图4-21　安阳博物馆展出的妇好墓出土三联甗照片
（黄洋 摄）

（2）照片不能传播抽象观念（如照片可以显示出两个人打斗的场面，却无法呈现打斗的原因）。

（3）照片不能传播大小尺寸的概念，原因是，若不熟悉照片中的对象物，观众就不知其实际大小；即使是平时熟知的对象物（如壶），但若是从不同于日常角度拍摄的，则会给人比实物大或小的印象；由于放大或缩小了画面，不仅尺寸印象容易发生变化，价值尺度印象也容易发生变化。

（4）照片有时会歪曲真实地传播信息（如青铜容器表面的图案表现，则呈现平面性，歪曲了在曲面上描绘的计算比例关系）。

在使用照片时，应带着这样一些问题充分考虑欲传播的内容，由此决定拍摄和使用方法。除了过去拍摄的而现在没有对象的（如历史照片）情况以外，用于陈列展览的照片，一般应按照陈列设计意图重新拍摄。此外，对于特殊机构和那些不用高技术就无法拍摄的事物（宇宙、海底、X射线、航空等），则只能向有关单位索取提供。当我们既要显示实物的制作方法和使用方法，又要综合显示其背景时，照片可谓最有效的展品。

照片中的人像，容易在人物像之间或与观看者之间产生某种关系，这也要注意，可能发生的问题主要有以下三点。

（1）照片不仅说明本应说明的对象事物，而且能反映拍摄者与被摄者之间处于何种关系。

（2）显示自然姿态的人像照片，其中被拍摄体之间的关系是复杂的，观看者依其不同的背景而会进行各种不同的解释。

（3）被拍摄者的表情未必反映其真实情感，故而存在使人产生误解的可能性。

从以上事实中得出两个结论。其一，要充分估计观众会怎样解释，同时输入适当显示尺度的手段，必须把照片内容与观众生活的世界联系起来。其二，要附加明确解释目的的文字说明，不带说明的照片只不过是单纯的图形，不能成为博物馆的展品。一般而言，照片（哪怕是彩色照片）都不如"实物"逼真，因而不要把实物照片与实物本身组合在一起展出，但起实物微观图案放大图解作用的特写照片例外。

5. 图解资料

在陈列展览工作中，除去纯粹让人们阅读的文字资料以外，所有用二维表达形式制作的展品均为图解。可大致分为两类，一类是用绘画手法处理文字和资料的表达手法，多用于辅助陈列；另一类是以自身力量达到传播目的的表达手法（如国际图形语言系统图表），多用于导向牌等陈列环境提示。

图解不如照片写实，但它能传播必须同时掌握和理解的若干概念，尤其图解能够把意欲传播信息的要点通过符号化的形式传递给观众（如从智鼎铭文记述的五名奴隶的价值等于匹马束丝的概念，以图解形式加以视觉化，使观众一目了然，见图4-22），并能显示出现实世界中不可能发生的（如用图画表现人类演化进程，见图4-23），以及一般情况下不能看清楚的事物信息（如用图画表现人体血液循环现象，青铜器线描图，见图4-24、图4-25）。从而可以说，图解在帮助传播上发挥着重要作用，它比文字具有更广泛的可读性。

图4-22　智鼎铭文记述的五名奴隶的价值等于匹马束丝图解

图4-23 安徽博物院"安徽文明史陈列"展出的人类演化示意图（黄洋 摄）

图4-24 河南博物院展出的青铜编钟线描图（黄洋 摄）

图4-25 山东博物馆"考古山东"展出的器物线描图（黄洋 摄）

图解是用平面性图形辅助观众进行理解的资料，包括绘画、插图、图表、坐标图等，其制作费用不高，对制作者的绘画技能要求也不高。主要问题在于确定合适的抽象程度，恰到好处地表达某种概念。根据国内外相关工作的经验，在制作和使用图解时有以下几点注意事项。

（1）过于简化或过于详细的图解描述，都会令人难以理解。

（2）如果想说明阶段性过程或几个活动，最好由多张画组成一组来呈现。

（3）图解和文字说明，与其分别表现或用参照记号联系起来表现，不如一体化组合更有效。

（4）应在认真考虑与文字说明的关系前提下确定图解的展出位置。

（5）图解与文字说明应同时设计，以免在内容上相互重叠。

6. 解说资料

这是通过文字及声音传递的信息。文字设计包括各层主题内容、标签、说明牌、地图和地形沙盘的地名等。此外，展览说明书（导引手册）也有文字设计问题，还需要为外国观众准备多语种解说。

解说文字是陈列的基本构成要素之一，它属于自然语言，其长处至少有以下三点。

（1）自然语言作为推理形式的符号体系，其内在结构决定了其表达含义的明确和固定，进而决定了它可以表达确切的事物、确切的关系、确切的过程和确切的状态，可以充当交流沟通的媒介，甚至成为感觉经验赖以形成的构架。它在解释实物方面具有"穿透力"。

（2）自然语言作为人们日常生活必备的工具，博物馆观众在词语性符号的译码能力方面只存在程度差别问题，但几乎都有这种能力。

（3）自然语言有不同的抽象层次，只要把解说文字在观众能明白的抽象范围内进行，并在此范围内各层次上移动，就能使传播有效。

其作用主要有信息功能（明确表达事物）、说明功能（向观众说明怎样操作互动性展品）、解释功能（讲述事物为何会如此）、说服功能（使观众开动脑筋，从特定角度思考）、娱乐功能（把陈列变为喜闻乐见的事物）。

在撰写解说文字时必须从观众的视角出发。文博同行专家能够充分理解的解说文字，未必就是优秀的解说文字。解说文字应该能够适应知识和阅读能力不均衡的各层次观众的状况，解说文字是否容易接受，会受到观众自身的知识水平和阅读能力的很大制约。解说文字的撰写要领主要有以下几条。

（1）要开门见山。注意文字内容不能太多、太长、太复杂，否则会影响观众阅读的耐心。

（2）表达应有建设性，尽量避免用否定语，否则文字难以理解。

（3）书写语气要平易，多使用日常口语，尽量不依靠不必要的专业术语。

（4）不可偏离叙述目标，无关宏旨的细节过多，则会使观众失去继续阅读的耐心。

（5）既要摆脱学术表达形式、又要保证内容的正确性，撰写者应意识到自己是在撰写科学普及性的文字。

（6）适当注意文字的趣味性，采用提问形式或在文中加入幽默成分，会使解说文字生动有趣。

7. 多媒体

多媒体主要包括音频资料、视频资料和其他多媒体手段。

1）音频资料

这种听觉媒体资料用在陈列展览中，大致可分为解说声响、自然声响及人工声响三大类。解说声响是通过讲话词语来传递意义的，是由信息的生产者或传递者发出的声音；自然声响是由生物的发声或动作（飞、跑、进食、攻击、摩擦等）所产生的，以及风、雨、浪、地鸣、喷火、雷鸣、树断、火焰燃烧等自然现象的声音；人工声响包括语言、歌谣等人声和用乐器奏出的声音、人类动作（打、切、刮削、进食等）所发出的声音，火车、电车、汽车、飞机、工厂、汽笛、喷气装置、大炮、战车等机器所发出的声音。

在陈列展览中使用音响媒体，应按照个体服务和群体服务两个目标进行开发制作。个体服务的形式是多样化的，除了出租便携式导览器以外，还可在展品前设置自控收听解说的耳机，或集中在展室一角设置专门的音响资料收听装置等。个体服务形式的装置均应做到可由观众调节控制启闭。群体服务可采用聚音罩、定向音箱的方式实现。定向音箱，也称为定向喇叭、定向扬声器、音频聚光灯、超指向性扬声器，就是利用声学技术，使原本向四面八方发散的声音，能够像聚光灯一样只向一个方向传播，实现"定向传音"。

2）视频资料

这是综合了音响和画面的电子媒体，包括幻灯、电影和电视。这类媒体十分适于表现那些随时间而变化的动态事物，以及由于现象、地理、历史或展出技术的原因不能用实物展出的东西。通过移动拍摄角度，能够清楚地说明空间关系和立体姿态，也能处理非常大的或非常小的东西。

视频资料在制作上通常要委托给多媒体制作公司，这就存在着脱离陈列传播目的的可能性。陈列展览工作者必须从专家的角度监制影视材料的拍摄制作，起到把关人的作用，甚至要提供影视脚本，多媒体制作公司只是负责效果实现，因此不能完全甩手给影视制作公司。制作这类材料是要资金成本的，因而在决策时要慎重一些，只在必要时才考虑使用，绝不能把它当作新兴技术，单纯为增加陈列展览的互动性或高端性而制作影视媒体，重点要放在实现陈列传播目的上，很多情况下，质量差的影视材料还不如高质量的图解更有效。运转经费有保障的长期投入同样重要，定期保养保证设备长期良好运转。在陈列展览中使用视频资料设备却又不能正常使用，反而会引起观众的反感。

根据国外同行的经验，使用和制作视频资料的实际工作中要注意一些问题。

（1）在明确意欲传播信息内容的同时，还应明确规定目标观众。旁白解说的内容和形式，必须在信息与目标观众之间取得平衡。

（2）分析意欲传播信息的目标，分节性地加以体系化，整理成图像操纵台的展出形式，在操纵台上增添解说叙述的设想。

（3）内容可以采用提问形式，富于对话性，以使观众注意画面的特定部分，对观众能够自己理解的内容就不便再解说，否则就是浪费时间。

（4）为强调部分内容，可使用音乐和音响效果。但不是为了戏剧化或趣味性才使用的。

（5）尽量避免节目过长（如10分钟以上），观众持续观看影视节目的时间是有限度的。如果按不可自行调节的速度播放，则观众的注意力只能持续一定限度。

（6）避免节目过短（如3分钟以下），短时间利用影视媒体所能达到的效果是很有限的。

（7）关于图像，要确认版权，在利用现成图像材料时，不能忽略这个问题。

四、设备

在展厅里，设备与空间关系很大，可分三类，一是主要起物理作用的大件设备，包括天花板、地板、展墙展版、展柜、展台、支架等；二是具有传意（心理）作用的设备，包括版面、模型、布景箱、音响和影视幻灯等设备；三是照明装置。本节只讨论展墙展板、展柜、展台、支架等对展示空间影响较大的设备。

1. 展墙展版

与建筑墙壁不同，这是指陈列展览所用的展墙，包括隔间假墙、展柜内各种造型的板壁，还有用于展示平面材料的大型支撑性假墙。展墙造型有平面的、多面的、曲面的、球面的等，表面着色或敷以装贴材料。其主要功能有适当分隔展厅空间，增加展线长度；可用展墙形成适当的参观走线，保持循序参观；可支撑悬挂各种展品和图文展版，起到立面展示的道具作用，便于观赏；统一展览格调，对各种杂乱因素起到一种化零为整的包装作用。

随着技术与材料的进步，博物馆越来越多采用活动式设计的展墙和展版，可根据展厅环境与现场进行自主设计或定制，更可通过移动展墙展版进行自由摆放或者自由组合。方便布展，使用率高，正反两面均可利用。

2. 展柜

从空间位置看，大致可分为沿墙通柜、独立柜、坡面柜、入墙柜、悬挂柜等。沿墙通柜一般有多种样式，有带有背板样式的，也有两侧透明玻璃的展柜。独立柜也称中心柜，大多为独立式的，适合展示相对重要的展品，有时根据需要也可将若干独立柜拼合使用。坡面柜桌面有一定的倾斜度，从各个角度都可欣赏到展品，适合展示书法、绘画等纸质历史文件以及其他片状或扁平形状的物品，或需近距离观赏的小体积类的文物。入墙柜是凹陷进墙里面去的，其凹陷深浅程度依据展柜的实际需要而设定，门的开启方式根据需要选用。悬挂柜通常安装在墙壁上，观众可近距离观赏展示物，适用于展示书法绘画、纺织品、金属货币等扁平形状类型的文物。

展柜通常整体为金属结构，做防锈处理。主框架基座为钢结构，钢材料选用3.0毫米厚度以上的冷拔方钢管及1.2毫米厚度或以上的冷轧钢板（其中展柜承重部分应采用厚度不小于1.5毫米优质冷轧钢板、外饰面应采用厚度不小于1.2毫米的冷轧钢板），展柜基座设计有水平调节装置，外表面为钢的饰面板，喷塑颜色可选择。展柜玻璃通常采用6毫米+6毫米双层夹胶防爆超白玻璃和6毫米+6毫米夹胶防爆膜、防紫外线减反射玻璃。6毫米+6毫米双层夹胶防爆超白玻璃夹胶后玻璃透光率不低于89%。减反射夹胶玻璃的可见光透射比不低于96%，可见光反射比不高于2%，紫外线透射比不高于1%。玻璃外露边缘精抛光，不被看见的边缘不要求抛光，但须磨边。磨边规格为0.7毫米×0.7毫米。外露角必须倒为安全角。同时，要注意展柜的密闭性、环保性等。

另外，根据具体陈列展览的情况，有时需要制作异形柜和多媒体展柜等。博物馆通常使用的展柜为中规中矩的方形展柜，但有时为了美观或特殊传播的需要，会制作使用异形柜。英国格拉斯哥的动物学博物馆中的昆虫展柜就是模拟昆虫造型制作，让观众一进入展厅就立刻清楚展柜里的展品跟昆虫有关。澳门通讯博物馆为了更多更好地展示邮票，普遍采用抽屉式展柜。

多媒体展柜是以展柜为载体，在玻璃上投影多媒体，扩大传播信息，同时在视觉效果上增强展览的趣味性和震撼力（见图4-26～图4-41）。

图4-26　大同市博物馆的金字塔形状的异形展柜
（黄洋 摄）

图4-27　英国格拉斯哥动物学博物馆的昆虫造型展柜
（黄洋 摄）

图4-28　澳门通讯博物馆的抽屉式展柜
（黄洋 摄）

图4-29　日本造币博物馆（Mint Museum）为展示钱币制作的超薄展柜
（黄洋 摄）

图4-30　上海博物馆模拟布币造型的展柜
（黄洋 摄）

图4-31　英国利兹城市博物馆模仿窗户造型的展柜
（黄洋 摄）

图4-32　英国利兹城市博物馆的抽屉柜子式的展柜
（黄洋 摄）

图4-33　英国V&A博物馆的欧洲风格的中心柜
（黄洋 摄）

图4-34 澳门民政总署瓷器展的异形展柜
（黄洋 摄）

图4-35 故宫博物院的宫廷样式的展柜
（黄洋 摄）

图4-36 上海消防博物馆的橱窗展柜
（黄洋 摄）

图4-37 苏州评弹博物馆的江南家具风格的展柜
（黄洋 摄）

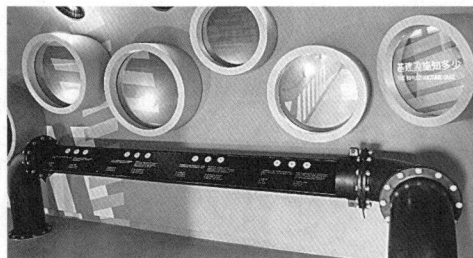

图4-38 香港城展馆采用管道形状的展柜展示地下基建设施
（黄洋 摄）

图4-39 中国共产党杭州历史馆设计成档案盒形式的展柜
（黄洋 摄）

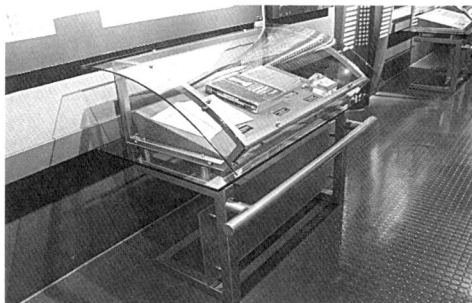

图4-40　中国烟草博物馆的弧面玻璃展柜
（黄洋 摄）

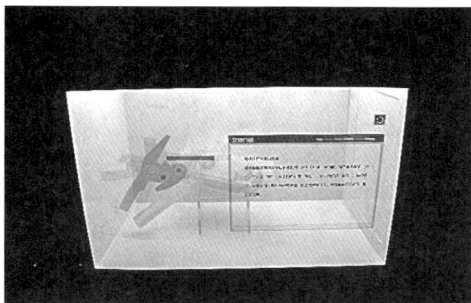

图4-41　南京博物院数字馆的多媒体展柜
（黄洋 摄）

使用展柜的目的是要达到保存与使用这对矛盾的统一，即在不损伤展品的环境中让观众观看。陈列展厅环境中可能致伤展品的有自然因素，如尘埃、亚硫酸气体、硫化氢、臭氧、二氧化碳、紫外线、温度、湿度等，人为因素主要有故意偷盗和无意地撞击展柜使易碎展品受损，以及工作人员在施工过程中疏忽碰撞造成的损害。要求展柜设计能满足对上述各种因素的防护功能，其结构自然也就比较复杂。

首先要强调的是展柜的密封性能，达到防尘和阻隔有害气体侵入的目的。在柜内保持小气候相对稳定的措施，也是建立在展柜结构密封基础上的，主要解决柜内恒温恒湿问题，目前主要是在展柜底下的设备层放置恒温恒湿机。

3. 展台、支架

展台是在裸露展出时放置展品的台座，支架是将展品保持在最安全且便于观看的高度上的支撑或固定装置，在展柜里也常采用小型支架，工作中常称其为道具或积木。这种设备一般制成规格化的几何形体，优点在于可应付多变的展出要求，而且不用时便于拆开堆放。但缺点是，实际上陈列设计并不受一定规格的制约，所以基本陈列的展台和座架需要根据展品尺寸和造型做专门设计和定制，而临时陈列则可采用便于灵活组配的规格化造型。

一般来说，体积较大的展品应使用矮展台，小型的展品（如佛像、陶器等）则适合使用较高的墩柱式展台。有些展台还需要根据展品的特征进行设计定制。有时在静态的展示中追求动态的表现，展台也会设计成可升降等形式，当然这种方式如果运用不好，脱离了展览传播目的，反倒效果不好（见图4-42～图4-45）。

图4-42　日本根津美术馆展示佛头的墩柱式展台
（黄洋 摄）

图4-44　南京博物院陶瓷展使用的多宝格状的展台
（黄洋 摄）

图4-43　河北蔚县博物馆展柜内错落有致的展台
（黄洋 摄）

图4-45　澳门茶文化馆使用多宝格展示茶壶
（黄洋 摄）

　　为了确保文物在展柜的放置更加美观、安全，需要支架做依托。要根据文物的特点，选择不同类型的支架。通常来说，支架的材料有金属、玻璃、有机玻璃、木等，同时也使用钓鱼线、细软管等辅助材料固定文物（见图4-46～图4-52）。

图4-46　浙江省博物馆"中兴纪胜"展中配合青铜唾盂器型制作的支架
（黄洋 摄）

图4-47　浙江省博物馆"中兴纪胜"展中用钓鱼线和细软管固定文物
（黄洋 摄）

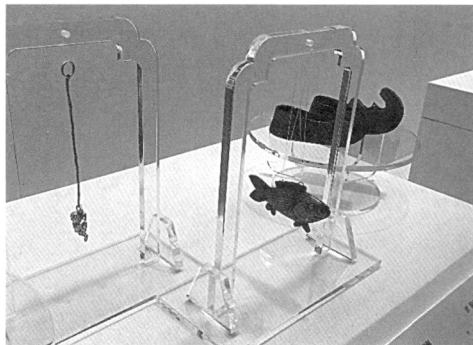

图4-48　浙江省博物馆"中兴纪胜"展中用钓鱼线将银鱼形佩饰吊起来
（黄洋 摄）

图4-49　中国国家博物馆"古代中国"展中根据小口尖底瓶器型制作的支架
（黄洋 摄）

图4-50　英 国 卡 迪 夫 国 家 博 物 馆（National Museum Cardiff）根据展品形状做的亚克力支架
（黄洋 摄）

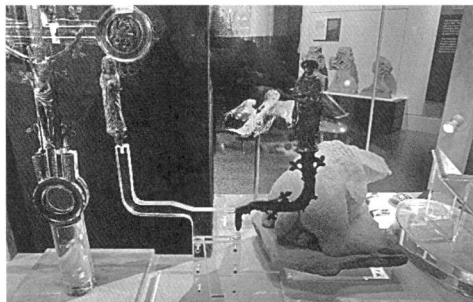

图4-51　西安半坡博物馆尖底器的特殊支架
（黄洋 摄）

图4-52　山西博物院"民族熔炉"展
览中骑马俑的支架
（黄洋 摄）

五、资金

　　博物馆是为社会及其发展服务的，不以营利为目的的公益性文化教育机构。如今的博物馆新馆建设动辄建筑面积就上万平方米，一般约有一半的面积为展厅空间，面对社会公众日益增长的对美好生活的需求，以及新时代博物馆被赋予的责任与使命，博物馆的建设与发展以及如此大面积的陈列展览区域的布展势必需要雄厚的资金支撑。

　　目前，博物馆的资金来源主要有财政拨款、自身经营创收、社会捐助等途径。其中，财政拨款是大多数博物馆资金来源的主要渠道，成为博物馆运营的基础；经营创收（如文创产品的经营销售收入、教育活动收入、场地出租收入等）效益有限，且在目前探索文创途径的环境下一时很难有大的收益；虽然社会力量对博物馆事业的赞助日益增加，但这毕竟不是长久之计。因此目前无论是中央补助还是地方财政拨款，博物馆的建设往往都还是由政府买单。但近些年博物馆事业迅速发展、数量剧增，再加上2008年开始实施的博物馆免费开放，中央及地方政府的公共财政资金压力越来越大，传统的博物馆资金模式已经满足不了当下博物馆建设运营的新需求，博物馆的建设及可持续发展势必需要寻求更加多元化的资金渠道。

　　PPP（public-private partnership），又称PPP模式，即政府和社会资本合作，是公共基础设施中的一种项目运作模式。在该模式下，鼓励私营企业、民营资本与政府进行合作，参与公共基础设施的建设。PPP模式作为一种新兴的融资模式，其实质是政府通过给予私营企业一定期限的特许经营权和收益权，将市场竞争机制引入公共基础设施建设，以达到更有效地向公众提供公共服务的目的。这一模式将由参与者双方共同承担责任和融资风险，同时满足各方的利益需求。一方面，政府解决资金问题，能够降低运营成本，提高运营效率；另一方面，企业也能够从中获得一定收益。

　　近些年，地方政府投入大量人力物力兴建博物馆，博物馆数量剧增，而地方新建博物馆的资金投入动辄就上亿元人民币，给地方的财政造成巨大压力，因此对于博物馆建设来说，PPP模式似乎可以发挥作用，成为博物馆建设的推力，通过引入社会资本，解决博物馆建设中资金不足的问题。PPP模式的运作方式有委托运营（O&M）、管理合同（MC）、建设—运营—移交（BOT）、建设—拥有—运营（BOO）、转让—运营—移交（TOT）和改建—运营—移交（ROT）等。博物馆的PPP项目多采用BOT的方式。如广东清远市"四馆一中心"项目采用PPP模式，运作方式为BOT，建设期3年，运营合作期10年，总投资19.4亿元人民币，政府采购资金26.8亿元人民币，由建工集团和政府选定的政府投融资公司共同出资组建项目公司，实施项目建设。项目建成后政府授予项目公司独家特许经营权，运营期间由项目公司提供相应的服务并由此获得合理回报。合同期满后，项目公司将项目设施无偿、完好移交给政府或政府指定机构。云南澄江县化石地博物馆PPP项目采取"BOT"的方式运作。在合作期内，由项目公司负责项目设施的设计、投资、融资、建设及运营维护。项目公司注册资本暂定为项目投资总额的30%，其中，社会资本占股90%，政府方指定的出资代表占股10%。项目合作期15年，其中建设期2年，运营期13年。项目公司的回报机制是"使用者付费＋可行性缺口补贴"。合作期满后项目公司将本项目设施完好、无偿、无担保、无质押、无债务的移交给澄江县政府指定机构。表面上，PPP模式的主要作用是拓宽博物馆建设资金的来源渠道，缓解地方政府的财政压力，为博物馆事业的发展带来新生机。而从实际的应用效果来看，PPP模式不仅引入社会资本，还引入了社会运营及服务。这意味着原本由政府独家主导的博物馆建设与运营权，将有新的社会力量与其共同掌控，刺激着博物馆自身在发展思路与经营理念上的转型。1999年，台湾海洋生物博物馆馆长广征意见，引进南仁湖企业的活力和能量，使海洋生物博物馆成为台湾第一个以OT结合BOT方式经营的博物馆。也顺利把经营与研究分开。海洋生物博物馆给予南仁湖企业25年的经营权，并允许其成立特许公司"海景世界企业股份有限公司"，让企业协助经营博物馆，从事导览功能与对外宣传营销，而研究人员就专注于各项海洋研究计划，提高台湾在海洋学的国际学术地位[1]。

理论上来说，出资方在项目建设中占据着重要的话语权。但博物馆由于公益性及非营利性等特性，因此极具特殊性。有可能投资方与政府对博物馆的认识存在差异，而这也必然会影响对陈列展览的制作。为保证博物馆陈列展览的质量，应该由博物馆主导博物馆陈列展览的内容策划与形式设计，而商务流程的事宜由投资方把关。

政府长期以来都在博物馆建设中占主导地位，即使引入了社会资本，受理念和思维的制约，社会资本在其中的地位是否能得到有效发挥以及应用，也是影响PPP模式效能的重要因素。政府需要认识到博物馆引入PPP模式的根本目的，即更有效地满足公众对博物馆功能及服务的诉求，更合理地配置政府公共财政资源和社会资源，达到转换政府职能、保障更多有效供给、提高资源使用效率的目的。

六、时间

近些年，中国的博物馆建设如火如荼，数量剧增，大多往往都是赶时间的工程。一些展览都选定五一、十一、元旦等节假日或"国际博物馆日""文化遗产日"等行业的节日开馆，因此，留给陈列展览策划、设计、施工的时间几个月到一两年不等，但总体来说，陈列展览的实施周期时间不长。一个好的陈列展览并非一蹴而就，肯定是经过周密的策划、详细的论证、充分的研究等过程，即便是临时展览，也是经过认真策划筹备的。

日本琵琶湖博物馆可谓当代博物馆之经典作品，虽然建于20世纪90年代中期，但其策划思路、布展手段，甚至它的建筑，依然是目前博物馆界的楷模，是人们谈

---

1. 何采蓁、江美玲：《BOT主流派？——"国立"海洋生物博物馆的经营故事》，台湾海洋生物博物馆，2005年。

起日本博物馆首先会谈到的。琵琶湖博物馆从筹建到运行用了8年的时间，其中研究人员在前6年的时间对琵琶湖进行了充分的研究，给陈列设计者们提供了准确、科学、丰富的信息，随后2年根据陈列方案进行博物馆建筑及陈列展览等工作。设计者们可以游刃有余地把握琵琶湖的精髓，即人与湖的和谐共存关系。展览通过丰富的展品，运用生动的陈列语言，引导观众对环境的思考："环境给予了我们什么?""我们对环境造成了什么伤害?""我们所希望的环境又是什么?"。而且博物馆建筑的设计人员与研究人员、陈列展览人员始终紧密配合，博物馆建筑、灯光、空间每个细节都配合陈列展览的需求，最终为观众呈现了一个科学、舒适、完美的陈列展览。

第二节

博物馆陈列展览基本流程

博物馆的陈列展览工作要按序进行，换个说法就是，若某项工作未完成，则无法开展下面的工作。当然，根据工作的种类和性质，也有部分工作可以与其他工作同步进行，但总体上看，某一步未完成则不能着手下一步的工作也是很多的，博物馆陈列展览，就属于这种只能循序开展的工作。

陈列展览工作流程的划分方法因馆而异，因场合而异。即使同样划分，在局部也会有所不同。无论怎样，一般而言，博物馆的陈列展览工作总要沿着"着手""具体化""试行""改善"等几个步骤进行。

一、主题的选定

陈列展览筹备工作通常是从一个或几个人（或团队）想要举办一个陈列展览开始的，首先要议论的话题就是，将要举办的陈列展览主题是什么。主题选择是否合理关系到陈列的成败，是相当关键的一步。

一个好的陈列展览主题，必定是有个性特点的，而非司空见惯的雷同；同时又必定与人们的现实精神生活需求相关联，能够引发人们参观欲望。这一切还必须建立在不脱离博物馆藏品和本馆使命、性质、任务的原则基础之上，使得选题成为一个看似简单而实际上难度较大的工作步骤。

"器物定位型陈列"一般都是器物主题，这样的展览选题从博物馆的内部工作程序来看相当自然，即选什么题，要看有什么藏品，以及该类藏品的数量能否撑起一个相当面积的展出空间。器物性主题一般不会脱离馆藏。但问题是，这种主题与大众生活距离较远，在广大的汉族地区各个博物馆藏品大多都是青铜、陶瓷、玉器、书画、杂项，所以存在很多博物馆雷同的现象。这两个因素对陈列效果的负面影响是很大的，就我国博物馆的实情而言，各地博物馆首先是作为执行国家文物保护政策的机构在各地开展工作的，收藏政策上的一致性以及文物类别的大同小异，都是造成各地博物馆藏品类别大致相近的原因，如果采取器物性的选题方式，势必会形成多个博物馆主题雷同和缺乏个性特色的局面，使人产生司空见惯的感觉。同时，器物性主题将着眼点落在实物上，显得过于专业化，很难使广大普通观众感到与自己有相关性，从而对博物馆陈列的反应比较冷淡。总之，器物性的选题方式所导致的陈列是一种近乎"罗列"的东西，并不符合当今社会人们的普遍需求。

现实中只有具体的而没有抽象的陈列，但陈列的主题不应局限于感性具体，而应经过抽象过程达到思维中的具体。只有依靠信息才能使主题产生个性特色，才能把"物"和"人"联系在一起，因而也才能产生真正意义上的"陈列"。"器物定位型"只能告诉人们"有什么"，而"信息定位型"却能告诉人们"怎么样"。反映在选题方式上，就不是那么简单地着眼于有什么藏品办什么陈列，而是在深入研究藏品的基础上，看哪些藏品能够抽取出怎样的信息；信息的内容绝不限于器物的年代、造型、质地等属于感性具体成分的简单描述；而要看器物组合能够说明什么样的社会问题。社会历史的发展在各地区有不平衡性，反映在博物馆藏品的数量和质量上也有不平衡性，各馆应扬长避短，根据自己所拥有的特色藏品做信息深加工，集中反映当地历史上的重要阶段、重大事件以及重要的经济或文化现象等，就能形成好的主题陈列。由此组成的单项陈列规模不见得很大，但可能不止一两个，而是若干个主题，它们共同构成一个馆的基本陈列内容。

在选题时应该想到这样一个问题，有藏品可以很容易地加以"罗列"，但不容易"陈列"。从技术上说罗列是从藏品着手选题的，考虑的仅仅是实物藏品的数量与展出空间的平衡统一问题，这一点比较容易做到，而陈列是从藏品所能说明的问题着手选题的，势必以藏品研究为前提，着重强调的是信息传播的质量，要考虑到兼顾大众化的趣味和接受水平，陈列内容富有个性特色和教育意义，发挥馆藏优势，符合本馆性质和任务等一系列问题，这就不那么容易了。

总之，在陈列选题方面，过去那种脱离馆藏基础一味追求"大""全""通"的做法固然不可取，而完全被动地受制于藏品的做法也不尽如人意，应该引起重视。

二、开发与设计

这是陈列工作的书面规划阶段，分为内容策划和形式（艺术）设计两个先后相继的步骤。内容策划负责逻辑地编排展品，决定欲传信息；形式设计则偏重形象的艺术造型，负责表达信息。内容策划主要是陈列大纲与展示脚本编撰。形式设计包括概念设计、深化设计。概念设计主要是设计理念、平面图、动线图、轴测图、效果图、典型立面等，而深化设计涉及施工图、水电、新风、空调、消防、多媒体以及施工组织设计。

陈列是内容和形式结合紧密的综合体，两者的关系并不像企业的产品与产品包装的关系。在内容和形式严格分工的情形下，容易使一些必须综合考虑的问题被人为地割裂开来。实际工作中，两类工作者大多在为满足物质条件（硬件）奔忙，而陈列的信息和媒体功能开发却不够充足，使本应具有创造性的设计流于按部就班的工作，这是一个普遍存在的问题。

业界以往只用"设计"而不用"开发"一词，在实践中，设计是把制图形式作为工作语言的，而筹展工作到了制图阶段，就已经相当具体了。我们认为，在内容策划与制图之间还应该有一个中间环节，即根据特定主题内容，在头脑中创造出新形象的过程，以文字形式描述出来。这个步骤，本书称之为"开发"，与设计有所不同，它仍以文字形式作为工作语言，强调内容和形式的综合与创新，不像设计制图那般"匠气"。其目的在于将头脑中创作出的未来陈列形象通过文字形式表达出来，成为下一步图纸上造型的工作依据，这在广告学中称"创意"。

博物馆陈列展览是将展览主题相关的科学研究成果转换成可供直接感受和容易理解的实物陈列形式，从而达到普及和推广知识的目的。所谓"转换"，就是为某种特定的信息（所指）寻找或制作一种表达媒体（能指），由于所指和能指的关系具有任意性，因而在媒体设计中包含着很大的创造性；其实人文社会科学类博物馆也有类似之处，藏品和藏品研究成果（大多是十分抽象的表达形式）是可供人们利用的资源，但普通人并不能直接利用，需要有既懂科学又善于表达的陈列工作者为中介，将资源"开发"成可为普通人利用的形式。而科技馆的陈列设计往往是从已有信息（科技原理）而没有媒体（展品）的状态起步的，而人文社会科学类博物馆的陈列设计却大多是从既有信息（科研成果）又有媒体（展品）的状态起步的。所以人文社会科学类博物馆很容易使人感到陈列筹备充斥着硬件的工程性，很少有软件的设计性。从整体上看虽然能组成一个陈列，但从微观角度分析，许多展品与解说的组合方式只是最简单的，但并不是最佳的，甚至还是错误的。

　　例如，我们不止在一家博物馆看到过用地动仪模型反映汉代科技史的做法。关于东汉科学家张衡发明的地动仪，留传至今的只是文献记载，博物馆展出的实物是根据文献记载复原的模型，无所谓真品或赝品的问题。制作并展出这种模型的目的在于形象表现地动仪的工作原理，而不在于为张衡的发明提供一个物证，这反映在陈列手法上自然有不同于一般古代文物真品的要求。如果是为了提供物证，那么只要将实物静态地呈现在观众眼前就能达到目的。而要想表现工作原理，则必须使展品动起来，因为只有动起来才能表达这件功能性展品的功能。那么，陈列设计对制作这种模型的要求就应该是以动态表现工作原理为主，外观造型既要有复原性又要服从于信息传递要求，可在局部解剖，以满足直视内部结构的需要。如果仅仅追求外观的形似，并像其他文物一样地放在柜内作静态展示，则使该展品变成了仅具形态意义的东西，将观众的注意力引向审美，这就偏离了本来的教育目的。在现实的陈列中，类似手段与目的不相吻合的现象是相当普遍的。

　　又如，在地质矿产标本陈列中，有的岩石标本是以重量信息为主的，而重量信息的最佳感受途径并不是视觉。与其在说明牌上标写重量，不如用相同重量的复制品放在柜外供观众亲手掂量，由此产生的感觉更加直接，便于理解和接受。可以说，传播的质量在很大程度上取决于传播的方式。

　　由此看来，博物馆陈列如果不以展品形态的审美为目的，则大多存在着按主题要求从展品身上抽取出某一方面的信息，并按信息的特性寻找一种最佳表达方式的问题。设计工作应组织多方面专业人员共同在这一点上投入较多的创造性劳动，以生产出具有更高魅力的陈列。如果陈列设计者觉得实物展品与文字说明的组合本身就已构成能够自动向观众说话的完整媒体，那就大错特错了。因为诉诸观众视觉的器物外观所能传达的意义是有限的，非传媒性展品的内涵信息往往与外观造型没有必然联系；书面文字固然是人们最常用的交流方式，但在博物馆陈列中未必是最好的传播方式。所以，设计者首先应该感到藏品和科研成果尚处在有待开发的资源状态，不经过传播意义上的信息加工则无法为普通观众所利用，这与藏品及其相关学科人员看待藏品的态度有很大不同。

三、施工与布展

在本阶段，设计人员成为施工组织者，操作性业务主要由工程技术人员承担。施工阶段是以设计阶段的成品为输入，其输出的成品就是可以对观众开放的陈列展览。这是一个由主观到客观的过程，筹展工作的大部分内容都在这一阶段进行。作业种类很多，参与者也很广泛，是需要团队协作的成果。如果说陈列设计阶段主要是科学性和艺术性的问题，那么施工布展阶段则主要面临技术性和经济性的问题。

在陈列展览工作没有市场化之前，我国博物馆以往大多是由馆内人员承担陈列施工的，在管理上存在许多问题。专职的制作人员太少了无法应付陈列工作需要，太多了又会形成非施工阶段的人员浪费；从其他部门抽调专业人员临时布展，不仅使人产生一种被频繁拉差的反感，而且施工水平也不能保证；材料采购少了怕不够用，采购多了则会形成积压浪费；业余水平的制作往往造成较多返工浪费；低水平的施工不仅牵扯设计人员的精力和时间，而且反过来制约设计质量提高。目前的陈列施工一般都会交由专业的陈列展览公司完成，取得了较好的效果和有益的经验。

四、开放与评估

施工布展阶段通常一直要持续到陈列开放之前，一旦观众入馆参观，就意味着陈列展览工作转入开放和评估阶段。在本阶段要同时开展两项活动，一方面是将展览工作人员长时间艰苦努力工作的成果奉献给观众观览，另一方面是博物馆开始对成果的成功度进行定量化的评估。当本阶段开始时，展览工作人员才能为按期开放而松一口气，但也正是从此刻开始担忧人们将会怎样评估自己所付出的劳动。

要使陈列持续发挥预期功能，就不可放松日常维修和保养工作。开放期间的维持管理工作对象除了检修机电设备外，还要保持环境清洁；若有需加保护的展品，则要掌握因温度、湿度、照明、震动和灰尘等致伤展品的问题。如能在施工阶段就预想到开放期间可能产生的问题，并事先想好预案，就能降低开放期间维持管理的难度。展品安全是开放管理工作的重点，我国博物馆普遍采用巡视员的人工方式，其优点是可靠性高，但缺点是容易干扰展室中应有的自由气氛。若真正为观众着想，就应设法使安全监控工作在观众意识不到的前提下进行，目前绝大多数博物馆已用电子监控设备取代人工监视方式。

关于陈列展览效果的评估工作，可以采用两种途径，一种是观众调查，通过问卷、访谈、行为观察等方式来了解观众的实际受益程度；另一种是邀请馆外专家学者来馆考察座谈，从专业角度对陈列工作发表意见。评估工作的目的在于总结成功的经验，使以后的工作不低于当前的水平，同时从中发现存在问题，为修改和调整工作提供依据。相对而言，观众调查的结果是比较客观的，也是一种自我检验，只要方法科学，观众都会接受，因而主要是技术性问题。

而馆外专家的评估工作却不那么简单，因为对陈列工作提出否定性意见往往会被当事人看作是有损于自己的声誉和地位的一种威胁，尽管这不是评估者的本意。要想改变一种学术观点似乎并不难，但要改变刚制作完成的陈列，则意味着在人财物力上有一定数量的浪费并且可能追加投入，尤为可怕的是过多的否定性意见会引来别人对工作人员业务能力的怀疑。所以，往往即使感到否定性意见完全合理，也要寻找理由加以反驳。在陈列评估中，不少人也颇能理解这一点，情愿用片面的赞扬声保持友好的人际关系，置评估工作流于形式而不顾，这种现象比较普遍。

实际上，否定性意见才是最有价值的，问题在于怎样才能使陈列展览人员接受意见。博物馆组织专家来评估展览的目的，是让别人来帮助自己想一想什么更好的方法来调整完善目前的陈列展览。所以，评估者一方面要勇于发现错误和不足，并提出建设性方案，另一方面要考虑通过无损于当事人声誉的途径表述自己的意见。有些批评意见能够立刻反映到修改方案中去加以采纳实施，也有的因各种限制无法采取补救措施，但至少会成为教训，使陈列展览人员在今后的工作中避免重犯同样的错误或失误。无论怎样，评估中的批评意见都应被视为有建设性的和充满善意的，因而也是最值得珍重的。其实最好的方式是不要等展览完成开放后再进行评估，在展览施工布展过程中，甚至是选题、内容策划阶段，就要多次召开专家论证会，广泛征求各方意见。

五、修改与更新

把陈列展览开放后的一段时间作为试运营期，让自己的劳动成果接受实际检验，从中了解工作中的失误或不足，并针对存在问题加以修改调整，应视为完善陈列工作的必要步骤。在实际工作中，修改工作很容易被人们忽略，表现在人、财、物力的规划安排上不为修改工作留出余地，使得修改工作仅仅限于对细节问题（如错字、漏字、展品与说明的张冠李戴等）的简单处理，而对较大的问题则束手无策。开放与评估是发现问题的试行过程，修改则是解决问题的完善过程。发现问题而不做修改，则评估工作也就失去了意义，陈列也只能处在不够完善的境地。如洛阳博物馆某临时展览中"关"字砖的图片放颠倒了，工作人员发现后，及时更换了展出图片（见图4-53）。

陈列展览更新，是从更为宏观的整体角度看问题的。从某种意义上说，博物馆陈列总是处在未完成的境地。因为博物馆必须跟上社会的发展和变化，及时反映科学研究的进步，并顺应人们日益增长和变化的文化需求，要与社会共同进步，而不能停滞不前。

在博物馆，随着本馆科学研究成果的不断积累，水平的不断提高，往往会使现有陈列内容或形式变得不能再使人们满意；随着社会上科技的进步，也将产生以陈列形式反映新科技信息的必要性，这些都属于陈列展览更新的"软件"原因。另

图4-53　洛阳博物馆展出的"关字砖"正确（左）、错误（右）图片对照
（黄洋 摄）

外还有一些属于"硬件"的原因，如陈列展览设备老化、损坏乃至建筑的改建和扩建等。大规模陈列更新是我国许多老博物馆面临的问题，实践中人们比较注重硬件的更新，而对软件更新考虑得还很不够，这是今后需要注意的。近些年，一些省级博物馆纷纷进行改扩建，对十余年前的基本陈列改陈，在软硬件上都进行更新，如南京博物院、湖南省博物馆、安徽博物院、山东博物馆等。

有的地方政府为了提升博物馆陈列展览整体质量，在区域范围内统筹规划，有序推进。2012年5月，江西省文化厅下发了《关于在全省博物馆实施"六个一"工程提升博物馆陈展质量的通知》（赣文博字[2012]28号），即制作一个高品位的陈列展览，培养一批高素质的讲解员，编写一份有分量的陈列讲解词，制作一个高质量的专题宣传片，开展一系列有影响的社会实践教育活动，研发一件有特色的文化产品[1]。随后，为全面提升博物馆陈列展示水平，促进江西省博物馆事业发展，2013年至2015年江西在全省文化系统国有博物馆范围内实施"百馆展示工程"。每年安排开展35个左右博物馆的陈列展览布展或改造提升项目，3年总计超过100个博物馆，覆盖全省所有文化系统管理的国有博物馆。同时，省文化厅、文物局确定一批重点陈展提升项目，给予重点扶持和指导[2]。

---

1. 《关于在全省博物馆实施"六个一"工程提升博物馆陈展质量的通知》，http://xxgk.jiangxi.gov.cn/bmgkxx/swht/gzdt/gggs/201205/t20120525_736602.htm
2. 《关于实施全省博物馆"百馆展示工程"的通知》，http://xxgk.jiangxi.gov.cn/bmgkxx/swht/fgwj/gfxwj/201509/t20150928_1209983.htm

第三节

博物馆陈列展览实施模式

近些年中国博物馆每年大约举办各类展览3万个。而数量如此庞大的陈列展览，实施模式根据各个博物馆情况不同而异。具体来说，博物馆陈列展览的实施有以下几种模式。

第一，内容策划、形式设计、施工布展全部由博物馆自己完成。这种情况并不多见，一些国家级、省级博物馆实力相对较强，陈列展览部工作人员配备较为齐全，所以每年的临时展览从内容策划到形式设计，再到施工布展全由自己独立完成。

第二，内容策划、形式设计由博物馆自己完成，施工布展通过招投标等形式委托专业的陈列展览公司完成。如条件较好的地市级博物馆，陈列展览部门会有专业的设计人员，因此每年的临时展览由博物馆自己进行内容策划，规划平面图，进行概念形式设计，然后通过公开招投标选择一家具有施工资质的公司协助博物馆进行施工布展。

第三，内容策划由博物馆自己完成，形式设计、施工布展通过招投标等形式委托专业的陈列展览公司完成。无论国家级还是省级博物馆，一般基本陈列的形式设计、施工布展都会委托专业的陈列展览公司完成，因为工程量太大，单靠博物馆自身的力量很难完成。博物馆根据馆藏情况，依托自己强大的科研基础，编撰切实可行的展示脚本交给陈列展览公司。

第四，内容策划、形式设计、施工布展全部委托专业的陈列展览公司完成。地市级博物馆筹建新馆，对于基本陈列，内容策划或委托省级博物馆的专家，或委托专家学者组成撰写团队，然后形式设计、施工布展工作再找专业的陈列展览公司完成。有的博物馆索性将内容策划工作也纳入招投标程序，由具有策划实力的专业公司领衔完成。但这样的做法要慎之又慎，内容策划是博物馆陈列展览的关键，如果没有好的展示脚本，成功的展览也就成为空谈。

以上几种模式各有利弊，各个博物馆应该根据展览的实际情况，陈列展览部门自身人员的实力等情况合理选择，充分发挥各方作用，把陈列展览工作做好。

就外包给展览公司实施而言，又分为公开招标、邀请招标、竞争性磋商、竞争性谈判、单一来源采购几种形式。

公开招标是政府采购的主要方式，公开招标与其他采购方式不是并行的关系。公开招标的具体数额标准，属于中央预算的政府采购项目，由国务院规定；属于地方预算的政府采购项目，由省、自治区、直辖市人民政府规定；因特殊情况需要采用公开招标以外的采购方式的，应当在采购活动开始前获得设区的市、自治州以上人民政府采购监督管理部门的批准。

邀请招标也称选择性招标，由采购人根据供应商或承包商的资信和业绩，选择一定数目的法人或其他组织（不能少于3家），向其发出招标邀请书，邀请他们参加投标竞争，从中选定中标的供应商。因博物馆展览的专业性与特殊性，有些博物馆会采取邀请招标的方式请具有资质的展览公司实施。

竞争性磋商是指采购人、政府采购代理机构通过组建竞争性磋商小组与符合条件的供应商就采购货物、工程和服务事宜进行磋商，供应商按照磋商文件的要求提交响应文件和报价，采购人从磋商小组评审后提出的候选供应商名单中确定成交供应商的采购方式。竞争性谈判是指谈判小组与符合资格条件的供应商就采购货物、工程和服务事宜进行谈判，供应商按照谈判文件的要求提交响应文件和最后报价，采购人从谈判小组提出的成交候选人中确定成交供应商的采购方式。从定义来说，两者几乎一样，而且"磋商"与"谈判"这两个词语仅从词义来说区别本身就不大。两者关于采购程序、供应商来源方式、磋商或谈判公告要求、响应文件要求、磋商或谈判小组组成等方面的要求基本一致；区别在于竞争性磋商采用了类似公开招标的"综合评分法"，而竞争性谈判无须评分，以价格为主导，采取"最低价成交"。

单一来源采购是指采购人从某一特定供应商处采购货物、工程和服务的采购方式。单一来源采购要符合以下条件：① 只能从唯一供应商处采购的；② 发生了不可预见的紧急情况不能从其他供应商处采购的；③ 必须保证原有采购项目一致性或者服务配套的要求，需要继续从原供应商处添购，且添购资金总额不超过原合同采购金额百分之十的。博物馆陈列展览的展览内容策划大多需要文博方面的专家学者担任，具有非常强的专业性，因此经常采用单一来源采购方式。

为充分发挥陈列展览作为博物馆核心文化产品的功能，科学整合安徽省文物藏品资源，创新打造特色陈列展览，合力推进安徽展览精品走向海内外，有效提升全省博物馆公共文化服务水平，在安徽省文化厅、安徽省文物局统一部署和领导下，全省67家公共博物馆与全省部分民办博物馆自愿组成陈列展览联盟，创新了博物馆陈列展览的实施模式[1]。联盟将整合、盘活安徽省馆藏文物以及人才、技术、资金资源，弥补中小馆展览资源不足，定期策划、实施原创的特色展览和专题展览，在省内交流巡展，并向省外、国外推介；引进国内外精品展览于省内巡展；搭建全省数字博物馆资源共享平台；通过培训、直接参加各业务组工作等途径，以中小馆为重点，加强人才队伍的培养和建设；进行学术研究和交流。

---

1. 安徽博物馆陈列展览联盟，http://www.ahm.cn/bowu_232.jsp?PageIndex=2

第四节

内容策划与形式设计关系

　　博物馆的陈列展览，是一种融科学性、艺术性及技术性于一体的、能够对人们的知识结构或思想情感产生影响的特殊空间；博物馆学在描述这种特殊空间的构筑行为时，借用了"内容"和"形式"这对哲学概念，将陈列设计的工艺流程分为内容和形式两个阶段，其从业人员，前者称"内容策划"，一般具有相关学科知识的素养；后者称"形式设计"，一般具有美术知识和技能的背景。

　　博物馆陈列展览的内容策划与形式设计是工作流程中最重要的两个环节。博物馆陈列展览是一项系统的、综合的工程。一个好的陈列展览不是单靠哪一方面的努力就能成功的，需要内容策划人员、形式设计师、施工工程师等各项人员的配合与共同协作，是共同智慧的结晶。其中，较为关键的就是内容策划人员与形式设计师的合作。在陈列工作实践中，设计者们普遍体会到，内容和形式的分工有利于从业人员保持较高的专业水准，但两方面的专业人员之间很难达到相互理解和通力协作。

　　就内容策划人员而言，除了要求具备藏品及其相关学科的知识素养以外，还要懂得传播学理论和教育心理学，善于将科学或专业语言转换成通俗易懂的语言。在此，研究能力成为一个背景，所面临的主要是表达的问题。要想表达得好，就要做到对展出内容既能深入，又能浅出。浅出的程度标准要根据观众情况来决定，所以要掌握观众心理。因此，陈列内容策划人员所应具备的知识结构和专业素质更像是一名教师，而不是一名纯粹的藏品研究员。

　　就形式设计人员而言，美术造型知识和技能是必备的，但博物馆陈列艺术也不同于纯美术，其目的在于为观众创造一个良好的视觉环境和观赏条件，这就涉及人体工程学、工艺学、建筑学、统计学等其他学科知识的掌握和运用。从这一点看，美术院校的环境和室内设计专业要比绘画或雕塑等纯美术专业更接近博物馆陈列设计的要求。这只是就设计工作本身而言的。在实际工作中，形式设计人员不仅要承担造型的计划工作，还要扮演施工组织者的角色，要求具备一定的组织管理能力，这已超出了纯粹的设计业务范围。所以，做好陈列形式设计工作是相当不容易的。

两者相较，内容策划的作用具有关键和核心意义。这一点毋庸置疑。好的陈列展览，首先要有一个主题鲜明、结构合理、语言生动的展示脚本。形式设计是内容策划与施工人员的桥梁，其主要职责就是把展示脚本搬到博物馆展示空间中，由平面而立体，将展示脚本的文字转化为可视、可听、可感、可动的展览展示。内容决定形式。然而特色鲜明的形式表现非常必要，否则各种展览就平淡无奇，形式的目的还是为了表现内容，绝对不能为形式而形式。但我们要避免单纯追求形式的倾向，也不能让形式简单化、概念化。

内容策划与形式设计只有紧密配合才能真正制作成好的陈列展览。道理虽说如此，但在具体时间过程中，内容策划与形式设计难免会出现很多问题。为了实现真正的合作，把展览工作做好，内容策划与形式设计都应该学会适度的放弃，相互理解，达成默契，实现共同的目标。

无论如何，博物馆陈列展览都要做到艺术性和内容的统一。博物馆展示需要内容的科学性和思想性，体现展示内容的内涵和社会价值意义，形式必须体现完美的艺术性，这样才能吸引观众，并且只有两者完美结合统一，内容才能得以诠释和传递[1]。

---

1. 国家文物局编著：《博物馆条例释义》，中国法制出版社，2015 年，第 120 页。

第五讲

博物馆陈列展览内容策划步骤与方法

第一节

研究确定展览选题

博物馆举办基本陈列也好，临时展览也罢，都要从确定展览选题开始。只有明确了办展方向，后续的工作才能有条不紊地开展。在研究确定展览选题时，要把握以下特性。

第一，要保证展览主题和内容的科学性和思想性。博物馆陈列展览是进行社会教育、传播信息、提供审美欣赏和科学研究的直接窗口。展示的主题思想、内容和传递的信息，首先必须符合我国宪法所确定的基本原则和制度，符合各种法律法规，必须具有科学性和思想性。科学性是指能客观反映真实的历史史实，不能够歪曲历史故事及历史人物。思想性是指具有时代特点、与时俱进，弘扬社会主义核心价值观，为人类的发展和社会进步提供正能量。博物馆也是随社会发展而不断变化的机构，每个博物馆建设的时代，所处的环境，人们的生活状态、思想观念和价值取向等都不尽相同，博物馆展示必须关注社会发展、社会环境、社会需求，勇于创新。

第二，选题要有一定的综合性。基本陈列的选题应根据多方面因素加以考虑，根据博物馆的地域、类型特点，根据博物馆宗旨使命和馆藏文物特色，根据学科学术和社会文化环境综合考虑确定，特别是要对文物藏品进行深入的研究分析。从藏品角度来说，除引进展览外，博物馆的藏品优势是展览策划者在选题时会首先考虑的问题。陈列展览的选题还需要做广泛的观众调查和专家咨询。结合博物馆的发展规划、财政预算、教育资源以及目标、观众等现状进行综合分析，并对展览的主题、内容和形式做出明确定位。临时展览、流动展览的内容要与本馆的性质息息相关，使其成为基本陈列的有机延伸。切不可为了热闹，在展览选题上天马行空，为所欲为，脱离本馆的基本属性，这样会造成展览策划的混乱，降低展览质量。

第三，选题要与当下社会、普通公众有相关性。博物馆的陈列展览要回应当前的社会关注。社会关注体现了民众的兴趣所在，是人民群众美好生活的愿望，也是影响选题策划的因素之一。日常工作和生活中，经常有许多人们关注和追踪的社会热点，包括政治、经济、文化、教育、体育、卫生、科技、军事、环保等各个领域的事件以及自然灾害、自然现象等，有的直接影响着人们的生活，有的则是人们茶余饭后的谈资。博物馆虽属于高雅的文化殿堂，但并不独立于社会而存在，而要密切关注社会。特别展览的策划者应当具有敏锐的社会观察力，结合社会热点策划展览，往往能起到事半功倍的效果。这样的展览既能够吸引大量观众，又可以从正面引导、教育观众加深对热点事件的理解，弘扬时代精神。

第四，选题要注重特色性。特别是地方馆的展览必须因地制宜，既要追求地方特色，又要顾及自身藏品的数量与质量，条件不具备的不必求全。应策划最能体现本地历史文化的、最具特点的展陈内容，不求全面而追求突出重点亮点。

需要注意的是，展览选题并不等于展览标题。展览选题是大方向，而展览标题是在确定选题方向后，在撰写陈列脚本时为展览起的一个名字。为展览找到一个合适的标题，能够决定人们如何认识、记住一个展览，也往往会决定展览吸引观众眼球的程度，进而影响参观人数。有时展览主题大方向确定，但展览标题却迟迟不能最终确定。展览标题如何起名？你可以上网登录一个名为"随机展览标题生成器"（Random Exhibition Title Generator）的网站，立刻会随机弹出一个展览标题，如"Mediating History: A Remix of the Status Quo"，抑或"In Search of Illusion: The Video Art of the Local"。该网站创始人丽贝卡·乌切（Rebecca Uche）曾是独立策展人，有一天她突发奇想，与自己的程序员朋友合作开发了这个网站，"随机展览标题生成器"中展现的单词和语法反映了她在博物馆、画廊间做展览时的起名经验。这虽然有娱乐、恶搞的成分，但也可以看出来给展览起标题的难度。

评价一个展览标题的好坏，可以从以下几点考虑。① 标题是否直接，快速切入展览主题？② 是否具体化？③ 是否吸引人？④ 是否勾起了人们的好奇心？⑤ 是否避免使用了含糊的标题？⑥ 是否避免使用负面的表达方式？

第二节

收集分析相关资料

博物馆陈列展览内容策划的水平高低，在于视野的上限和表达能力的下限。胸中有丘壑，笔下才能有文章。没有深广的阅历，丰富的阅读，深入的研究，终究撰写不出好的展览脚本。博物馆陈列展览的主题多样，地方通史、民俗文化、历史名人、地方物产等都可能涉及，而博物馆陈列展览的内容策划人员也不是全能的百科全书，面对如此多变的主题，往往也会力不从心。因此，查阅资料，吸收领会，融会贯通成为重要的基础性工作。

收集分析相关资料涉及几个问题，收集资料、研究资料、管理资料。

第一，收集资料。围绕着展览主题来选择和收集是收集资料的首要原则。首先要弄清楚，博物馆能提供的现有资料有哪些。一般博物馆都有实物资料、图片资料、研究资料以及地方史研究成果，问题在于资料的丰富程度与质量。我们可以制作《展览资料情况调查表》，全面了解博物馆的资源现状（见表5-1）。

表5-1　博物馆陈列展览内容策划需要了解现有资料一览表

资料分类	资料概况	项目情况	具体内容	资料用途	了解对象
博物馆硬件	博物馆建筑	设计理念	外形、空间等	陈列展览要与建筑是一个整体	建筑设计方、博物馆、实地踏查
	空间环境	展厅	数量、楼层、布局、面积、层高	陈列展览布局，陈列展览内容要和展厅融合	建筑设计方、博物馆、实地踏查
博物馆软件	藏品	现有藏品	数量、质量	陈列展览要建立在藏品的基础上	博物馆工作人员、书籍、资料数据库
		征集意向	品类、进度		

（续表）

资料分类	资料概况	项目情况	具体内容	资料用途	了解对象
博物馆软件	研究成果	书籍、图录、论文	重点藏品	陈列展览的依据与辅助材料	博物馆工作人员、书籍、资料数据库
地方文化	历史沿革	地域变迁	名称、历史	内容策划的重要依据，可以确定重点亮点内容	博物馆、地方志办公室、地方专家、资料数据库
	地理环境	典型文化	山川、河流、地理特征		
	地方名人	古今名人	生平、事迹、遗迹		
	历史故事	传说故事、真实史实	故事经过、相关遗迹		
	风土人情	古今生产生活	特产、民俗、生活		

更为重要的是，围绕展览主题，内容策划人员要检索收集与之相关的所有材料。很多人现在都是利用网络，在网上搜索资料是必做的功课。就搜索引擎而言，谷歌、百度、雅虎等都能检索出相关材料，然而这样的检索方式对我们搜集相对专业的资料而言无异于大海捞针。运用知网、万方、龙源、读秀、瀚堂、晚清和民国报刊库、中国基本古籍库等都是重要的技术手段。

第二，研究资料。大量纸质的、电子的资料堆在面前，内容策划人员要一一分辨，消化吸收。对于本次展览内容策划哪些有益，哪些无助，哪些资料可能目前没有太大作用，但以后随着内容策划的深入发现其有用。重要的是这些资料都起到什么作用。

第三，管理资料。这些资料的用途广泛，不仅是内容策划人员撰写展览脚本的依据，也可以由展览讲解员使用，增加自己的知识储备，成为观众问不倒的专家型讲解员。因此，从方便自己利用，同时也方便他人的角度，我们都要对资料进行有序管理。在电脑中可以建立文件夹，命名方式可以是"时间年月日＋博物馆名称"，下设若干子文件夹，命名方式为"时间年月日＋展览主题"，每个展览主题文件夹下设若干子文件夹，命名方式为"历史朝代，如旧石器、新石器、秦汉、隋唐、宋元、明清"等历史轴线，在每个历史朝代文件夹下设若干子文件夹，命名方式为"历史沿革、地方名人、历史故事、风土人情"等横切的资料，此文件夹下可再设若干子文件夹，如该地名人很多，那一个名人可以单独建立一个文件夹，而此文件夹下就是具体的文件了（见图5-1）。

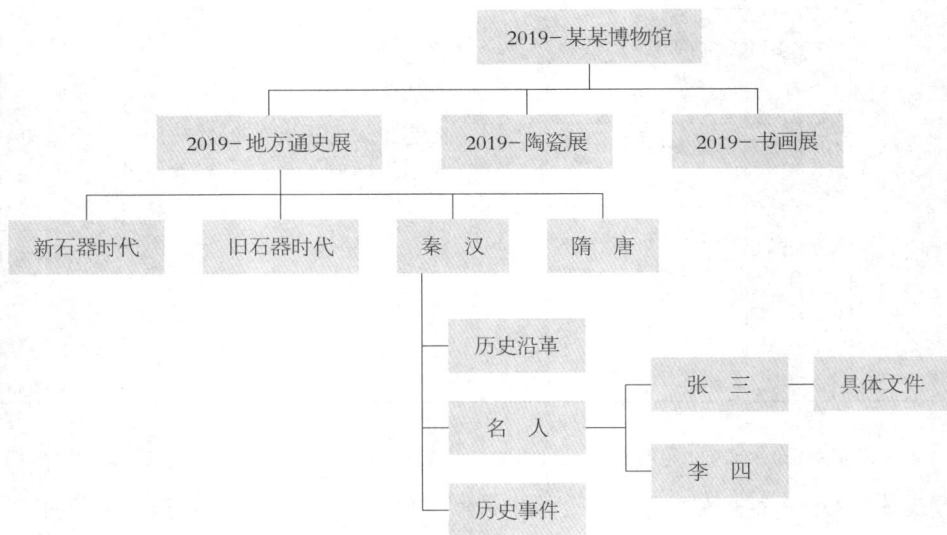

图5-1　陈列展览收集资料管理架构图

第三节

熟悉藏品后诠释 "物"

诠释，即 interpretation，其研究最开始是在自然环境解说领域，该词的译法有很多，如诠释、阐释、解说、展示等。而 interpreter 也就是通常所说的 "讲解员" 或 "解说员"。

1957 年，费门·提尔顿（Freeman Tilden）出版了《诠释我们的遗产》（*Interpreting Our Heritage*）一书，正式提出了遗产诠释，该书也成为文化遗产诠释领域的经典著作，多次再版。他认为 "诠释是一项教育活动，旨在通过亲身经历或解释性的媒体来揭示物体使用时的意义和相互关系，而不只是简单地传递事实信息"[1]。提尔顿提出了诠释的 6 项原则[2]：

> 兴趣：如果诠释不能与观众的性格或者先前经验相联系，那将是枯燥的；
>
> 启示：信息不等于诠释，诠释是以信息为基础的，诠释是依据信息而形成的启示；
>
> 艺术：诠释是一种艺术，是结合科学、历史、建筑等多种人文科学的艺术；
>
> 启发：诠释的主要目的不是教导，而是启发；
>
> 整体：诠释必须呈现整体而非局部；
>
> 对象：对 12 周岁以下的儿童诠释时，并非是简单地对成人的诠释内容进行稀释，而是要有不同的方法。

---

1. Freeman Tilden, *Interpreting Our Heritage. North Carolina*: The University of North Carolina Press, 2007, pp.17.

2. Freeman Tilden, *Interpreting Our Heritage. North Carolina*: The University of North Carolina Press, 2007, pp.18.

1988年，戴维·亚泽尔（David Uzzell）提出了"带感情的诠释"（hot interpretation）的概念。他认为诠释者都忽视了一个问题：谁的诠释？我们展示和再展示的是谁的世界看法？故事被讲述，关系被揭示，似乎他们是客观真实的，似乎只有一种方式来理解一个问题、地方或事件。历史不断地被再展示，再加工和再诠释（re-presented, re-worked and re-interpreted）[1]。带感情的诠释背后的原则是尽管我们的社会非常需要公正、冷静和客观的展示与组织信息的方式以及随后的决定，但是我们在私人和公共的生活中做了许多决定，其中纯粹理性的方式是很难的，不可能的或甚至是不受欢迎的。面对选择，我们不能做漠不关心的旁观者。当然，我们希望我们的判断经过仔细的思考，包含尽可能多的信息，并且权衡不同观点的利弊。然而，我们的情感、情绪波动和反应在我们做决定时起了重要作用。情感歪曲了我们的记忆和经历。我们过去的经历和决定会影响我们未来的行为[2]。他认为所有形式的诠释都具有明显的"偏见性"，主要可能因为他们反映的时期是被设计过的。尽管试图体现真实性，但是提供和接收诠释内容的人都不可避免地用20世纪的眼光去进行诠释[3]。

1992年，山姆·汉姆（Sam Ham）出版《环境诠释》一书，认为"诠释从根本上说就是一种交流沟通的方法"[4]，环境诠释就是将科学或者相关领域的技术性语言转化成并非科学家的人们能够理解的观点和思想。他的沟通交流基于4个特征：

诠释是有趣的：除非观众觉得诠释的内容是有趣的事，不然他们不会对诠释加以注意。

1. David Uzzell, The Hot Interpretation cf War and Conflict, In David Uzzell, ed., *Heritage Interpretation (1): The Nature and Built Environment*. London: Belhave Press, 1989, pp.33-47. Uzzell 说每个人都有两种类型的思想：冷静的（cool and dispassionate）和带感情的（hot and emotional），可见，hot 和 emotional 是同义词，为了便于理解，笔者将"hot interpretation"译为了"带感情的诠释"而不是"热诠释"。

2. David Uzzell and Roy Ballantyne, Heritage that Hurts: Interpretation in a Postmodern World, In David Uzzell and Roy Ballantyne, eds., *Contemporary Issues in Heritage and Environmental Management*. London: The Stationery Office, 1998, pp.152-171.

3. David Uzzell, Heritage Interpretation in Britain Four Decades after Tilden, In Richard Harrison, ed., *Manual of Heritage Management*. Oxford: Butterworth-Heineman, 1994, pp.293-302.

4. Sam Ham, *Environmental Interpretation: A Practical Guide for People with Big Ideas and Small Budgets*. Golden: North American Press, 1992, pp.3.

　　诠释是相关的：相关性表现在两个方面，具有意义和针对个人。有意义就是说你的大脑中要有"背景"，要在熟悉和不熟悉的事物之间搭建桥梁，这样将事物与观众头脑中已经知道的事情相联系，这是"智力上的联系"。诠释更加针对个人是说要进行"情感上的联系"，应该诠释观众感兴趣的事情。

　　诠释是有组织的：诠释要能够让观众易于理解，最好的诠释就是观众不费力就能理解。

　　诠释是主题性的：主题就是想要传播或试图传达的主要信息。主题诠释是让诠释更加有效的方式。

　　赖瑞·贝克（Larry Beck）和泰德·卡柏（Ted Cable）将提尔顿的6项原则从当今世界的角度进行了重新探讨，并加入了9个新的原则，形成了诠释的15项原则[1]：

　　兴趣：为了引起观众的兴趣，诠释者应将诠释内容与观众的生活相结合；

　　启示：诠释的目的并不仅仅是提供信息，而是应该揭示更深层次的意义与真理；

　　艺术：诠释的呈现如同一件艺术品，其应该设计成如同故事那样有告知、娱乐及教化的作用；

　　启发：诠释的目的是激励和启发人们去扩展自己的视野；

　　整体：诠释必须呈现一个完整的主旨或论点，并应满足全人类的需求；

　　对象：对儿童、青少年及老年人群体进行诠释时，应该采用完全不同的方式；

　　历史：每个地方都有历史，诠释者将过去的历史活生生地展示出来，可以使现在更加欢乐，使将来更有意义；

　　科技：科技能将世界以一种令人兴奋的方式揭示出来。然而，运用科技进行诠释时必须小心谨慎；

　　质量：诠释者必须考虑所展示信息的质量与数量（选择性和准确性）。切

---

1. Larry Beck and Ted Cable, *Interpretation for the 21st Century: Fifteen Guiding Principles for Interpreting Nature and Culture*. Urbana: Sagamore Publishing, 2002, pp.8.

中主题，建立在充分研究基础之上的诠释比繁冗的叙述更有说服力；

沟通：在运用诠释艺术之前，诠释者必须熟悉基本的沟通技巧。诠释的质量取决于诠释者的知识和技能，这需要诠释者不断充实；

需求：诠释内容的撰写应考虑读者的需求，还要有智慧、谦卑和关怀之心；

支持：整个诠释活动若要成功，必须获得财政、志愿者、政治、行政上的支持；

美感：诠释应该逐步灌输人们去感受他们周围环境之美的能力和欲望，以提供心灵振奋并鼓励资源保存；

体验：诠释者通过精细设计的活动和设施来提供最佳的体验；

热情：对资源以及前来被启发的人们热情是强有力和有效诠释的基本要素。

还有很多学者对诠释做出理解。有的认为诠释是一门艺术，如唐·奥尔德里奇（Don Aldridge）认为诠释是"解释过去有关环境和生活状况的艺术，通常采用主题或故事的形式"[1]。提尔顿则简洁明了地指出"诠释是一种艺术"[2]。沃尔什-赫伦（Walsh-Heron）将诠释定义为"讲述地方故事的基本艺术"[3]。伊安·霍德（Ian Hodder）认为"诠释就是表演"[4]。有些学者认为诠释就是沟通。亚泽尔认为"诠释是在不同情况下会产生不同程度效果的一项沟通技巧，借此可以从特定人群那里获得特定的信息"[5]。莫斯卡多（Moscardo）则说"诠释是一种特殊的沟通"[6]。

一些学者也明确提出了诠释不是什么。我们要认识到作为诠释者，我们的诠

1. Don Aldridge, *Guide to Countryside Interpretation(1): Principles of Countryside Interpretation and Interpretive Planning*. Edinburgh: HMSO Books, 1975, pp.4.

2. Freeman Tilden, *Interpreting Our Heritage*. North Carolina: The University of North Carolina Press, 1977, p.9.

3. John Walsh-Heron and Terry Stevens, *The Management of Visitor Attractions and Events*. New Jersey: A National Publisher Book, 1990, pp.101.

4. Ian Hodder, *Interpreting Archaeology: Finding Meaning In the Past*. London: Routledge,1995,p.197.

5. David Uzzell, *Interpreting our heritage: A Theoretical Interpretation*, In David Uzzell and Roy Ballantyne, eds., *Contemporary Issues in Heritage and Environmental Management*. London: The Stationery Office, 1998, pp.11-25.

6. Gianna Moscardo, Interpretation and Sustainable Tourism: Functions, Examples and Principles, *Journal of Tourism Studies*, Vol.9, No.1, 1998, pp.1-13.

释会影响到观众的想法，"诠释不是你的个人肥皂盒"[1]，在诠释时应该考虑观众的感受。我们不能忽略观众的智力和他们与我们沟通交流的权利。如果观众发现我们在诠释时有所隐瞒，那么他们将会对我们的整个诠释失去信心。而且要明确诠释并不是简单地娱乐。

上述诠释思想可以为我们提供诠释实物的理论依据。博物馆的物大多离我们今天的生活比较遥远，观众并不能直接与它们对话。通向多个维度的价值呈现物品变成藏品，意味着"物"经历了一个"博物馆化"的过程。在此过程中，"物"与其原生环境发生离散，因为去脉络化、去功能化、去时间化而使置身于博物馆场域里的"物"呈现为一种特殊的状态，即元价值状态。所谓去脉络化、去功能化，是指将物品从原有的历史脉络，即特定的自然环境和社会文化环境中抽离出来，从而使原本具有实用功能的物，在离开其使用价值所赖以存在的特定时空后，超越了原本的实用形态而变成一个历史象征、一个文化符号。所谓去时间化，尚·布希亚（Jean Baudrillard）在《物体系》一书中如下解释。在谈收藏时，时间是最基本的问题。收藏最首要的意义，却是强烈意义下的一个"杀时间的消遣"（unpmse-temps）。它干脆把时间取消了。或者，它将时间记录为一个一个的固定项，以便可以往复逆转地把弄它，收藏象征了一个被引导的周期的永恒更始，而人在其中，可以由任何一个项出发，又能确定他可以回到此点[2]。也就是说，博物馆的收藏行为截断了物的线性延展的自然时间，而赋予其某些新的时间序列。

展示"物"的过程，是重新赋予、诠释其意义的过程，博物馆在通过展示行为而使"物"的意义达成与观众的沟通之前，还必须完成另一个向度的沟通，那就是对于"物"的原生意义的还原。博物馆操作者在多大程度与何种角度呈现出物的自身意义与价值，这决定了藏品将架设起一座什么样的桥梁，建构起一种什么样的传播价值，以通向新的意义目标。也就是说，如果围绕着博物馆藏品的意义还原与价值传播是两个向度的沟通行为，那么，前一个沟通行为的深度与广度，将决定后一

---

1. Lisa Brochu and Tim Merriman, *Personal Interpretation: Connecting Your Audience to Heritage Resources*. Singapore: Interp Press, 2002, pp.17. 原文是：Interpretation is not your personal soapbox. 美国国家公园管理局的鲍勃·罗尼（Bob Roney）提出了"interpreganda"和"interpretainment"两个词，对这句话做了进一步解释，意思就是诠释并非诠释者自己的事，要让观众融入进来，并且诠释不是娱乐。

2. ［法］尚·布希亚（Jean Baudrillard）著，林志明译：《物体系》，上海人民出版社，2001年，第110页。

个沟通行为的质量与效应。

这样，在失去原有历史脉络、实用功能以及线性自然时间后，"物"在博物馆场域里，其价值归于一个元点，也就是一个暂时的凝固点。但这只是一个极其短暂的点。自从藏品在博物馆里被贴上第一个标签，就意味着藏品开启了与其被隐藏的自身意义相沟通的历程。所以，处于价值元点的藏品其实是处于一个通向其意义还原的准备阶段。就像一个胚胎拥有成长为多种形态的可能性一样，一个处于价值元点的藏品也拥有在多种维度还原其意义与价值的可能。

事实上，物品在离开其原有自然环境、社会历史文化背景后，就失去了自我阐释其意义的能力，也就是失去了信息自足性。比如，我们有时会面对一些无法探知其来源的文物，即便碳-14已经准确地测定出它是两千年前的古物，但与其原生环境的离散却使其意义遮蔽在历史深处，这时，这件文物对于我们来说是沉默的，是失语的。但这并不意味着这件文物没有价值，而是说，它的价值处于一个元点。

在价值元点上的物，博物馆一般从三个维度去还原或阐释它的价值，或者说我们一般从三个维度去进行与"物"的自身意义的沟通，这就是历史维度、科学维度、艺术维度。经由这三条道路，我们便可以将一件文物的基本价值释放、呈现出来。

施罗德（Schröder）于1976年提出了7种观察器物、设计展示的方法[1]：

（1）注意器物"制造的方法"（How was it made?）。明确器物的物质结构与性质，对器物的制造方法与过程有全面的了解。

（2）对器物"如何使用"（How was it used?）进行理解。探索器物在它所生存的社会文化中的实际功用。通过器物使用方式的探索，对其所在文化理解。

（3）考虑器物"存在的环境"（What was its environment?）。任何一个器物都在过去的历史环境中存在，都有其特定的用途与特殊的使用方式，而且这个环境是动态的而非静止的。要注意器物在物质实体中的关系，及其处于整体文化环境中的内在功能。

---

1. Fred E. H. Schröder, Designing Your Exhibits: Seven Ways to Look at an Artifact, *Technical Leaflet: American Association for State and Local History*, No.91, 1976, pp.1-8.

（4）将器物置于年代学的视野中，看其"如何发展"（How did it develop?）。这个方法一方面是分析的，另一方面又是综合的，在同一文化中，其关键与价值在于比较和描述细节。观察器物的纵向发展。

（5）将器物"与其他文化器物做比较"（How does it compare to other cultures?）。这就要将器物置于整个文化中进行比较，展示时必须注意其时间的差异，及它们不同或相同的性质与价值。通常此法可与上述4种方法整合运用。

（6）知道"影响设计的因素"（What influenced its design?）。区别其生产及变化的各因素，因实际使用的需要、历史因素、外来宗教、生态变迁、文化传统所产生之影响等，找出变化的结果与法则。

（7）对展示品"功能的意义或价值"（functional meaning or values）进行研究和展示。这是最抽象也是最具创造力的方式，借此以阐释其与器物相关的价值、道德、信仰、崇拜、美感、神秘等经验与根源。

这7个方法就是一个有逻辑的故事，从制造使用到功能，而且还关注物的发展演变，以及与其他物的比较。

要想逻辑清楚地讲述一件物品的故事，我们可以从以下几个方面对物品进行解读。

（1）生产：由谁生产、为谁生产、什么时间生产、在哪生产、怎么生产、为什么生产；

（2）使用：由谁使用、为谁服务、什么时间使用、在什么场合使用、使用它来做什么、使用后有什么改变；

（3）材料：什么材质、天然的还是人工的、哪里来的、为什么使用这种材质；

（4）设计：质地、功能、类型、装饰、花费；

（5）联系：与制造使用者的联系、与公众的联系、不同文化间的联系。

同时，还可以提出与观众紧密相连的问题：

（6）除了这些，你还知道其他的吗？

（7）你还知道什么东西与这件物品有相同的功能？

（8）你家里有类似的物品吗？

（9）这件物品还有其他的用途吗？

第四节

展览传播目的设定

我国现在很多博物馆都是信息定位型展览，以传播信息为主要目标，因此"展览传播目的"就成为展览的灵魂，展览传播目的的准确提取与设定，影响到整个展览的架构与实现。展览传播目的是建立信息导向，基于展览主题的，有策略的多次重复或组合，从而引导观众的认知，达到策展人希望传递信息的方向。展览传播目的就是让观众了解物，进而了解展览，最终的目的是让观众知晓、认可和接受策展人所想要传播的信息。展览作为一个传播系统，其总目标就是通过传播信息，引导、影响观众的思想认识过程，让其改变或建立新的知识体系。因此，展览传播要有具体的目的，如果目的不明确，就会花了钱没效果，甚至会产生负面效果。

从展览的结构来看，展览传播目的有总传播目的，各部分、单元、展品组的传播目的。这是一个层层递进的关系，各部分传播目的要服从和服务于总传播目的，各单元传播目的要服从和服务于对应部分传播目的，下一级传播目的是对上一级传播目的的深化和再具体。

展览传播目的的设定，第一，以观众为中心。策展人要明白观众是谁，他们的情况如何、兴趣在哪儿，有针对性地进行传播。要研究和实施如何抓住观众，打动观众，不同观众的先前经验和期待不同，所以传播目的要充分考虑观众实际情况，有时可能要分类对待。最理想的传播目的应该是观众、行业专家、策展人共同商议后确定的，但现实情况往往并非如此，观众经常被忽略，即使这样，我们也要充分考虑观众要素。第二，以主题为导向。传播目的不是凭空想出来的，而是在展览主题下设定的，要紧密围绕展览主题主线，为突出展览主题服务。第三，以有效为目标。传播目的的设定要考虑具体实施情况，无论什么传播目的最终都是要撰写为陈列大纲，深化为展览脚本，然后具体实施。而且策展人的目的是让展览传播有效，观众获得有用信息，否则传播过程本身就失败了。第四，以准确为准则。传播目的的设定要适宜，不能过大过小，整个展览、各部分、单元、组都要有准确的传播目的。

博物馆展览的传播有三个层次。

1. 引起观众注意

现实生活中，公众文化活动非常丰富，展览传播的首要目的就是要使公众注意该展览，只有注意到这个展览公众才有可能走进博物馆来参观。因此要靠传播内容及方式的新鲜、奇特等引起公众注意。

2. 诱发观众兴趣

成功引起公众注意之后，就要考虑如何让传播的内容与方式同观众兴趣相结合。了解观众的兴趣、爱好、先前经验，并据此确定展览传播目的，是使公众对展览发生兴趣的又一条件。

3. 取得公众的肯定态度

展览传播不仅要使公众产生注意、发生兴趣，而且要使他们走进博物馆，观看展览，并产生肯定、认可的态度。

第五节

撰写陈列展览大纲

陈列内容策划基本上有自己一套固定的工作模式，即在了解馆藏的基础上，确定陈列的大主题，然后根据大主题的要求对展品进行选择和分类，并从每组展品中归纳出若干小主题，进而从若干小主题中抽绎出若干中主题，若干中主题则从不同角度说明大主题，这是一项强调科学逻辑性的工作，其展开过程如同一棵树，由主干分出若干支干，每根支干上又分出若干树枝，树枝上则长有若干树叶。国外有的博物馆学者称为"计划树"，我们称为"主题结构"。

编写陈列主题结构的工作方法，与撰写一部书时先拟定章节框架结构的做法类似。主题结构就像一部书的目录，它只显示出陈列内容的逻辑框架，看不出多少空间意味，还不符合工作计划书的要求。在以往的实践中，陈列内容策划的成品就是"陈列展览大纲"，其思维形式主要是逻辑的，其表达形式是文字或表格化的，其内容则要具体到每件展品的描述。

陈列展览大纲的完成，即标志着内容策划工作告一段落，转入深化大纲的展览脚本撰写阶段。大纲凝聚着内容策划人员的辛勤劳动，体现着严肃的科学精神，其中的文字几乎都将以各种形式出现在未来的陈列中，没有什么冗余的成分。然而，类似的陈列大纲却很难令下接工序的形式设计人员满意。那么，问题究竟出在何处？分析形式设计人员的要求，我们觉得问题不在于大纲内容的科学思想性是否有什么错误，而在于大纲还缺少有助于同形式设计工作衔接的内容。换言之，问题不在于学术性，而在于工作方法。

第六节

展览脚本及其编写

陈列展览的工作过程类似于拍摄一部电影。首先要将一部文学著作改编成电影文学剧本和分镜头剧本，然后才能交导演投入拍摄。陈列大纲像是一部学术著作，这只能相当于文学著作，还不是电影剧本。难怪有些人认为内容部分不能称"策划设计"，实属一种"编辑"行为。从功能来看，内容策划的成品只是一种工作计划，它应该像一部电影剧本，而不是停留在文学著作的阶段，这就要求陈列计划书的内容不仅有将要对观众说的话（陈列欲传信息），还应有对下一步形式设计人员有用的工作性说明。正因为增加了这种工作性说明，才使内容策划的成品有别于以往所谓"陈列大纲"，我们称之为"陈列脚本"或"展览脚本"。

内容策划的成品不能光有标题和展品名录，还应有各种尺寸数据、器物形态描述（图或照片）、辅助展品设计参考文字说明、展品组合的工作性说明等等，这才便于形式设计的构思。而那种将陈列大纲作为内容策划的成品交给形式设计的做法，恰似将文学著作交给电影导演，必然产生衔接问题。因此，内容策划提交给形式设计的成品，应该是一份类似于电影剧本的展览脚本。

具体怎样做，这在实践中没有统一的模式。有的是同时提交两份材料，一份是大纲，看起来简洁明了；另一份是包含了数据和形象材料的脚本；也有的是一个相对学术的脚本，由内容策划人员向形式设计详细解释大纲，就像是演出排练时的"说戏"。但最好还是编成一份综合了大纲内容和工作性说明的陈列脚本，这对形式设计的构思最方便。

撰写展览脚本的人员必须要有空间感和形象思维能力。虽然看似展览脚本都是文字，但未来都是要通过形象的手段呈现在某个特定的空间中。因此内容策划人员应该对展品的空间安排进行较为具体的规定，颇具立体感，编写过程较多运用形象思维。按以往习惯的做法，其中不少工作是形式设计思考的内容。这也正是很多展览目前内容策划不够好的问题所在。除了美术品或自然造型物以外，一般广义的科学技术类展品的空间安排并不是一个纯粹形式美观的问题，如果按展品原来所在环境背景中的形式加以安排，便能直接产生揭示其功能含义的视觉性语言。从陈列语言的角度（好的陈列表达形式）来安排展品，势必要求内容策划人员对空间安排进行具体的规定。因为内容策划人员最了解展品原来所在的环境背景，也最善于处理展品内涵之间的关系，但为展品进行空间安排的根据是来自学术考证工作，而不是凭空想象，更多地属于科学工作而非艺术创作。总之，内容策划的成品应该做到这一步，如果说这样做就渗入了形式设计的思考范围，也并没什么奇怪，陈列工作就应该是内容和形式相互渗透的关系，你中有我，我中有你，唯其如此，才能避免内容策划与形式设计难以达成共识的问题，也是双方得以通力协作的前提。

第七节

展品的说明牌撰写

　　展品的说明牌文字是观众参观博物馆陈列展览时最简单直接的解说文字，是观众与展品交流的桥梁。没有使用导览器的观众主要通过展览的说明牌来获得关于展品的信息。展品说明牌的内容包括展品的名称、时代、质地、来源与收藏单位等，重要的特殊展品还会说明制作工艺、纹饰等艺术价值和历史科学价值。

　　展品的信息包含了基本信息和其蕴含的文化信息。基本信息是指通过考古调查发掘、研究获得的信息，主要是物理属性的信息。而展品所蕴含的文化信息就是其历史价值、艺术价值和科学价值。大体来说，博物馆陈列展览有器物定位型和信息定位型两大类。器物定位型展览的主要传播目的在于让观众欣赏物的艺术性特征，即把展品的美传递给观众，因此说明牌的主要功能并非传播展品的信息，可能较为简单的名称、年代、质地就足够。信息定位型展览的传播目的就在于让观众充分了解展品背后的历史文化信息，而说明牌正是这些信息传播的载体，承担着传递信息的使命。观众的先验经验有所不同，大多数观众并非历史文博专业人员，并没有文物相关的专业知识，如果没有说明牌，观众就不可能认识这些文物，更别提深入认识文物的历史文化内涵。从这点出发，展品说明越详细、科学、生动有趣、有吸引力，观众就越喜欢观看，接收的信息也就越多越丰富，对展品的认识也就更深入全面。

　　展品说明目前存在的问题主要有以下几个方面。第一，从展品说明的内容来看，我国博物馆大多采用传统的三项信息表述，略显简单。文字太多会引起观众阅读的不适，分散观众的注意力，造成疲劳，因此我们需要对说明牌文字的数量有所限制。目前绝大多数博物馆说明牌都是对展品的基本信息进行说明，而背后的历史文化信息少有涉及。但是这种简单的文字方式并不能很好地让观众理解展品。第二，从说明牌文字的表述方式来看，我国绝大多数博物馆还是采用较为专业的术语表述，特别是文物名称，其中不乏生僻字。相同类型的展品说明牌往往都一模一样。因而有些说明牌的存在与否对于观众而言并无太大意义，看过说明牌之后不但对展品没有深入了解，甚至可能连名称都不会读。

展品说明牌的内容与形式要遵从以下几个原则。第一，内容撰写要具有科学性，说明牌的文字虽少，但说明了展品的多重信息，字字重要，不能误导观众，对于学界尚未定论的问题，应采用变通的方式。比较著名的案例就是"司母戊大方鼎"还是"后母戊大方鼎"。2011年3月6日，中国中央电视台《新闻30分》在播报一则文物新闻时，主持人将"司母戊鼎"播报成"后母戊鼎"，引发众多网友质疑。司母戊大方鼎国宝现展出于中国国家博物馆青铜厅，更名为"后母戊鼎"。第二，文字内容要有通俗性。说明牌的意义就在于让观众看懂看明白，对于一些生僻字，如甗、簋、簠、盨、敦，最好括号内注明拼音或同音字，如甗（yǎn，音眼）、簋（guǐ）。只有这样，说明牌才真正有用。第三，说明牌内容要有侧重，说明牌要为展示主题服务，同一件展品在不同题材的展览中可能说明牌上内容不尽相同。伦敦设计博物馆的香烟盒子说明直接写这个设计者对于香烟有害健康的理解，使他设计了抽烟后得各种病的可怕样子作为香烟壳。说明文字有个时代背景的介绍和设计者心理从迎合烟商到大胆表现自己思想，特别强调作品的得奖，说明告诉观众为什么在这个时间里出现这样的设计作品不容易。该说明牌就是对展品从制作设计者的角度进行了说明诠释，让观众通过说明牌不但与展品沟通，也与展品的制作设计者沟通（见图5-2）。第四，说明牌文字一定情况下可以考虑艺术性。文字可以优美具有诗意。"展览说明牌写作卓越奖"由美国博物馆联盟（AAM）于2008年设立，由AAM策展人专委会（CurCom）、AAM教育专委会（EdCom）、展览开发与设计专委会（NAME）、华盛顿大学博物馆学研究生课程等联合主办。该奖项旨在认可与鼓励优秀的展览说明牌撰写者与编辑，从而为高质量的说明牌写作提供标准与启迪。2016年度"展览说明牌写作卓越奖"获奖名单公布，这些获奖展览说明牌的说明文字使用了文学化的语言。如"生命的颜色"展览的说明牌"颜色的语言"这样写道："如果颜色可以说话，它的声音可能在召唤'离近点'或咆哮着'退后！'很多生物都是通过颜色交流：艳丽的花朵通过多彩的花瓣吸引传粉者，毒青蛙迅速移动，背上耀眼的色彩提醒捕食者远离。颜色还能说明什么？变色蜥经常快速摆动头部并轻拍它们被称为肉锤的色泽鲜艳的下巴，宣示自己对领土的所有权，以防另一只雄性觊觎。"（见图5-3）Kat Talley-Jones 对此的获奖点评是："我很喜欢这个说明牌将颜色拟人化的写法和通感的写作技巧。它吸引观众参与进来。"该说明把高深的生物原理用如此文学化、拟人的、与观众贴近的语言表现，一下子就能引起观众的兴趣，观众不会说文绉绉的看不懂。

图5-2　伦敦设计博物馆香烟盒的说明牌
（姚一青 提供）

图5-3　2016年度"展览说明牌写作卓越奖"之"颜色的语言"
（采自网络，https://www.sohu.com/a/128279995_488370）

　　陈列中使用的文字说明牌，是一种需要观众集中精力阅读的媒体，在放置方式上也有考究。人的两眼综合视野约为横向较宽的椭圆形，这种构造使人眼左右移动比上下移动方便，而且在垂直方向上，看上面费力易疲劳，看视平线以下则较便利。同样，对于人的颈部，左右移动也比上下活动省力，仰头就比低头肌肉活动量大。因此，高于视平线的文字材料仅限于标题等短文字，一般说明牌的位置应与视平线一致或低于视平线。标签式展品说明牌应朝着观众眼睛的角度放置。

　　关于标签式小说明牌的放置方法，常见有两种，一种是"跟随式"，即文字说明牌紧附于对应展品旁，其优点是连贯性强，使观众一目了然。但缺点是不宜与小件展品组合，否则会影响整体美观；另外，在复原性陈列中有些展品与观众距离较远，也不宜采用这种方式。针对这个问题，可采用另一种方法，即"检索式"说明牌放置法。它是将若干展品说明汇总罗列在一个说明牌上，置于方便观众阅读处，并在展品旁附上相应的数字标记或展品的图形以便检索的方式。它可以解决美观和避免视距过长的问题。但对观众而言，寻求与展品相关信息，寻找说明标签，看了说明再去寻找对应展品，这是十分麻烦的，属不得已而为之的做法。检索图形的方式有点像"看图识物"，一方面需要绘画的准确，另一方面对观众的识图技能也有一定要求（见图5-4 ~图5-7）。

图5-4　英国卡迪夫国家博物馆（National Museum Cardiff）的说明牌放置在动物爪子上（黄洋 摄）

图5-5　英国德比博物馆和艺术馆（Derby Museum and Art Gallery）的说明牌在展品支架下方（黄洋 摄）

有些博物馆为了照顾特殊群体观众的需求，针对视障观众提供盲文说明牌，使视障人士运用触觉"读"懂说明文字，获取知识。如英国的牛津大学自然史博物馆（Oxford University Museum of Natural History）、英国的V&A博物馆、日本的大阪府立飞鸟博物馆，都提供有盲文触摸的说明文字，V&A博物馆还把瓷罐上的龙纹纹饰处理成盲人可触摸的形式（见图5-8、图5-9）。

西方的一些博物馆为了让观众了解更多的展品信息，在展厅中放置"label book（标签书）"，如果观众感兴趣，可以取阅，获得比小说明牌更详细的信息。

图5-6　澳门茶文化馆的检索式说明牌
（黄洋 摄）

图5-7　泉州海外交通史博物馆的
器物线描图检索式说明牌
（黄洋 摄）

图5-8　英国V&A博物馆的盲文说明牌
（黄洋 摄）

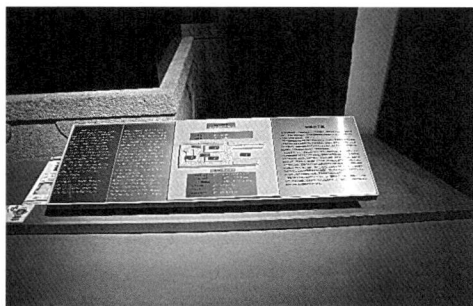

图5-9　日本大阪府立飞鸟博物馆的盲文说明牌
（黄洋 摄）

还有的把说明牌模拟书的样式做成可翻页的形式，观众可以翻阅看到更多信息（见图5-10、图5-11）。

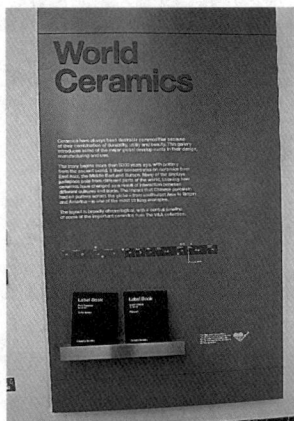

图5-10　英国V&A博物馆展厅放置的标签书
（黄洋 摄）

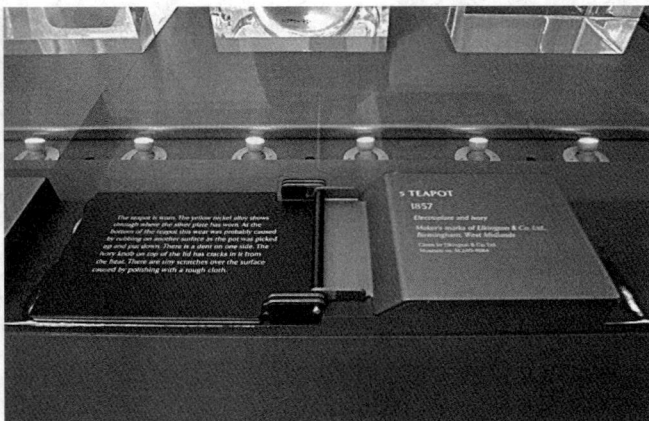

图5-11　英国V&A博物馆的翻页式说明牌
（黄洋 摄）

有的博物馆为了符合该馆主题，在说明文字上也进行小的创意。如伯明翰一直被认为是英国主要的珠宝生产中心，而珠宝角则是生产制造珠宝的主要地方。珠宝角博物馆（Museum of the Jewellery Quarter）展示了伯明翰悠久的珠宝贸易史和珠宝制造。博物馆将说明版文字的第一个字母做成金属样式，突出该馆的特性（见图5-12）。

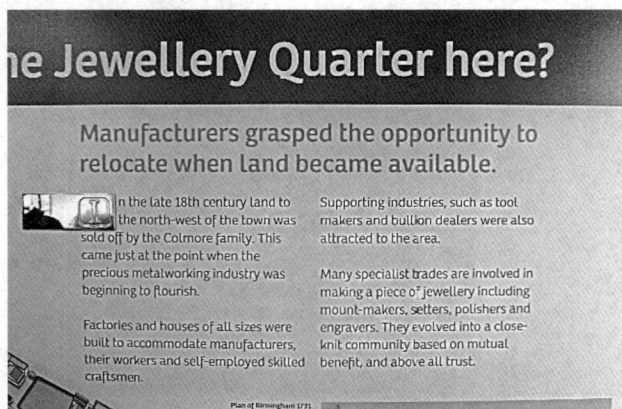

图5-12　伯明翰珠宝角博物馆将说明文字首字母做成金属样式
（黄洋 摄）

第八节

内容的审查与备案

2015 年出台的《博物馆条例》第三十一条第一款规定，博物馆举办陈列展览的，应当在陈列展览开始之日 10 个工作日前，将陈列展览主题、展品说明、讲解词等向陈列展览举办地的文物主管部门或者其他有关部门备案。另据中央宣传部、文化部 1996 年 5 月 19 日印发的《关于举办党和国家主要领导人生平图片展览的规定》，各展览场馆（包括展览馆、博物馆、纪念馆、美术馆、画廊等）承办此类展览，要加强责任心，严格把关。凡未经批准，任何展览场馆都不得接受或承办党和国家主要领导人生平图片展览。因此，对陈列展览的审查与备案就十分必要。各级文物事业管理部门也开始出台相关规定，如北京市博物馆陈列展览备案就规定国有博物馆应按行政隶属关系向上级行政主管部门备案；非国有博物馆向北京市文物主管部门备案（见图 5-13）。

为加强博物馆意识形态主阵地建设，规范博物馆展览管理，发挥展览在传承发展中华优秀传统文化、丰富人民群众精神文化生活、促进文明交流互鉴中的积极作用，在习近平新时代中国特色社会主义思想指导下，根据《中华人民共和国文物保护法》《中华人民共和国公共文化服务保障法》和《博物馆条例》有关要求，天津市文化广播影视局印发《关于印发加强我市博物馆意识形态主阵地建设做好展览备案管理工作暂行规定的通知》（津文广规〔2018〕1 号），对博物馆举办展览及备案工作提出规定。这是进入 2018 年以来，全国首个针对博物馆展览备案的政策文件，此前，各地亦一直有类似"博物馆展览备案"的政策要求，天津出台的文件进一步强调了"加强博物馆意识形态主阵地建设"。其中明确了展览备案审核的重点内容，包括以下内容：① 展览主题内容应符合《中华人民共和国宪法》要求，遵守党和国家的方针政策、遵守国家法律、积极健康。② 凡有可能泄露国家机密或歪曲丑化我国人民、中国文化，妨碍正风良俗、扰乱社会秩序，危害国家统一、民族

1. 申报
　　申请人须在陈列展览开始之日10个工作日前，提供申报材料（材料：① 展览大纲或脚本。应包括贯穿展览的学术、文化、艺术、历史等方面的中心思想及总体观念的文字概述，并提供展陈形式设计方案及相关学术委员会确认可行的项目认定书；②《展品目录》及重点展品说明。应包括参展展品的总体情况说明及《展品目录》（包括序号、名称、年代、质地、级别、来源、完残、照片）；③ 讲解词；④ 展览场地总体情况及硬件设备、安全保卫设施情况介绍；⑤ 展览安全保卫工作方案及应急预案。）
　　申报材料使用A4纸，并提供全部资料的电子文本。

不属于本机关职权范围的，不予受理（5个工作日内）。

否 ← 2. 是否受理（5个工作日内）。 → 材料不齐全或者不符合有关要求的，一次告知项目申报单位补充（5个工作日内）。

是

申报材料齐全且符合有关要求，或者申报单位按照本行政机关的要求提交全部补充申报材料的，予以受理，发放书面受理决定。

3. 核查
　　对申报材料进行核查（5个工作日内）。北京市文物局根据相关法律法规、申报材料对备案事项进行业务核查，同时委托第三方机构或专家对申报材料进行审核，并视情组织现场评估。

对于不同意备案的项目，应当提供不予同意备案的书面意见（盖章）。

否 ← 4. 是否同意备案。

是

5. 备案
　　根据核查情况，作出是否同意备案的决定，并向申报单位出具同意备案通知书或者不同意备案的书面意见（5个工作日内）。对于同意备案的陈列展览，按规定及时向社会公开。

6. 调整与变更
　　取得备案同意的陈列展览，需对备案的材料内容进行调整的，申报单位应当及时以书面形式按照原申报方式提出申请。北京市文物局依据具体情况，出具书面确认意见或者要求其重新办理备案手续。

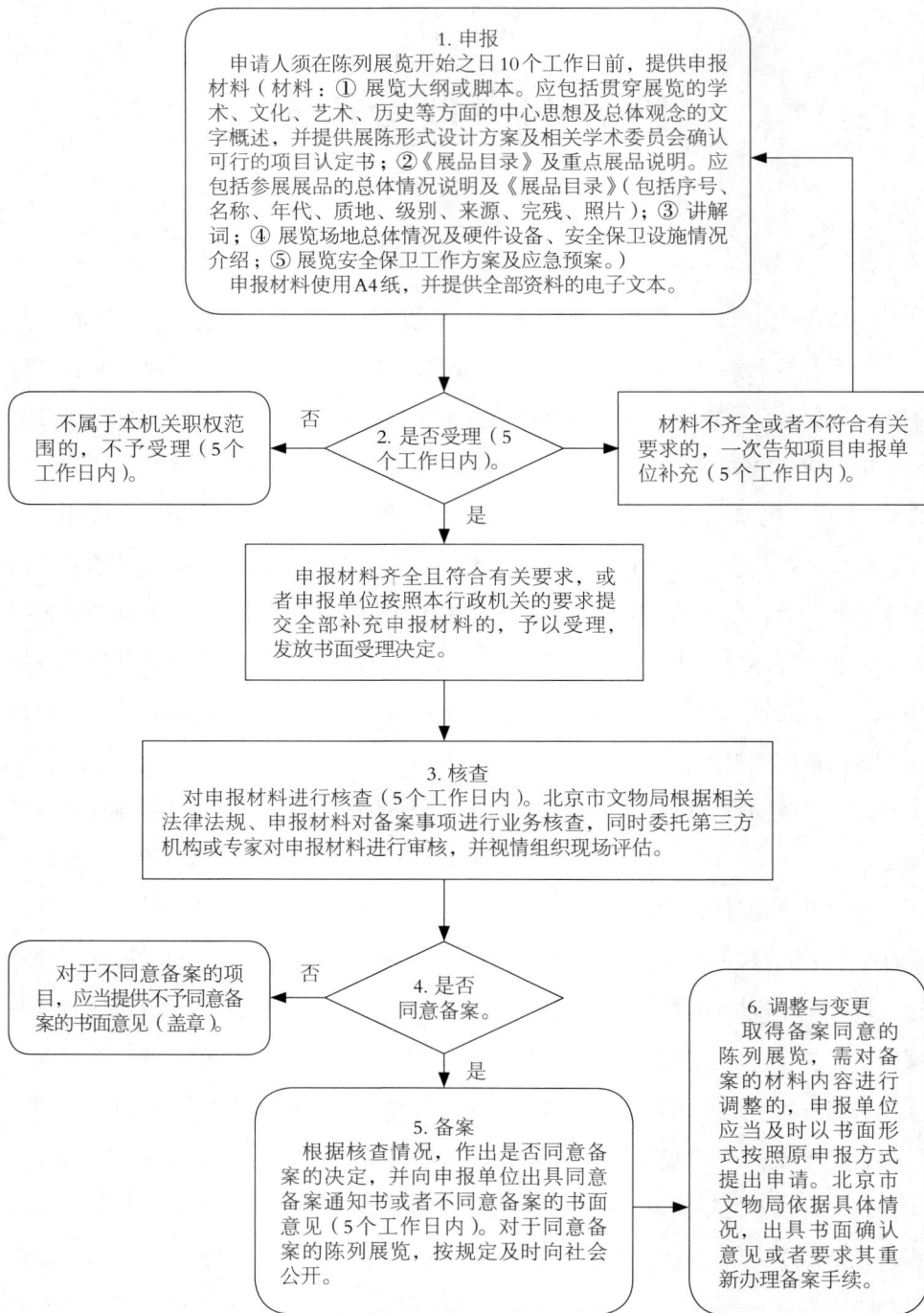

图5-13　北京市博物馆陈列展览备案流程图
（采自网络，http://banshi.beijing.gov.cn/bsfwzy/201709/t20170930_30394.html）

团结、社会稳定等在政治上造成不良影响的展品、资料等，一律不得展出。③ 违反《国际博物馆协会博物馆职业道德规定》，展览主题内容凡涉及人类遗骸、宗教、民族等敏感题材的，不尊重人类尊严，不符合国家利益和民族信仰的，一律不得展出。④ 展览主题内容凡涉及党和国家领导同志的，应遵守《中央宣传部、文化部关于举办党和国家主要领导人生平图片展览的规定》及相关文件精神，并履行相应的报批手续。⑤ 展览内容凡涉及地图的，应遵守国家文物局、国家测绘地理信息局《关于规范文物博物馆单位使用地图的通知》等文件精神，并履行相应的送审手续。⑥ 展览展品来源必须合法，来源不明或来源不合法，以及以假充真，可能对公众造成错误引导的展品，一律不得展出。⑦ 展览场地必须具备安全保卫设施，确保展品及观众的安全。⑧ 备案材料齐全、真实、有效，符合相应的法律法规要求[1]。

2018 年中共中央办公厅、国务院办公厅印发了《关于实施革命文物保护利用工程（2018—2022 年）的意见》，其中明确革命博物馆纪念馆要建立展陈内容和解说词研究审查制度，宣传、文物、党史文献部门要按照意识形态工作责任制切实把好政治关和史实关，增强展陈说明和讲解内容的准确性、完整性、权威性，反对历史虚无主义和文化虚无主义[2]。

针对展览中经常使用的地图等辅助展品，国家也专门出台相关法律法规。2017年，国家文物局、国家测绘地理信息局印发《关于规范文物博物馆单位使用地图的通知》（文物博发〔2017〕25 号），其中规定地图在展览展示前应依法送审（景区图、街区图、地铁线路图等内容简单的地图除外）。对于展览展示中确需使用的新中国成立前其他国家或机构测绘的历史地图、古地图，原则上只能作为必要的文物展品展出，并应辅以明确的地图来源等文字说明，且一般不得引用上述地图用以制作新的展示内容。新中国成立前我国测绘的历史地图、古地图，一律按程序报审[3]。

---

1. 天津市文化广播影视局《关于印发加强我市博物馆意识形态主阵地　建设做好展览备案管理工作暂行规定的通知》，http://sfj.tjftz.gov.cn/system/2018/02/14/010086063.shtml

2. 中共中央办公厅、国务院办公厅印发《关于实施革命文物保护利用工程（2018—2022 年）的意见》，http://www.sach.gov.cn/art/2018/7/29/art_722_151073.html

3. 《关于规范文物博物馆单位使用地图的通知》，http://www.sach.gov.cn/art/2017/11/30/art_1329_145448.html

2014年，甘肃省文物局印发《甘肃省文博单位陈列展览方案审核办法》的通知，规定省文物系统各级文博单位陈列展览方案均应报省文物局审核。审核按照先内容策划方案后形式设计方案的顺序开展。内容策划方案原则上由各文博单位自行组织编制。内容策划方案通过省文物局审核后由各文博单位自行或委托其他单位编制形式设计方案，报省文物局审核通过后方可制作展览[1]。

同时，也可以看到省级文物管理部门对博物馆陈列展览大纲的批复。2018年6月，山西省文物局就阳泉市文物局《关于对阳泉市博物馆基本陈列展陈大纲进行评审的请示》（阳文物字〔2018〕9号）进行了批复[2]。

张家界市为集思广益，特将《张家界市博物馆历史馆陈列展览内容策划方案（草案）》在网上向社会进行公示。如果公众对《方案》有异议、有修改意见或优化意见，可以致电或致函市文体广新局陈列展览办公室[3]。

---

1. 甘肃省文物局关于印发《甘肃省各级博物馆藏品管理办法》和《甘肃省文博单位陈列展览方案审核办法》的通知，http://www.gsww.gov.cn/Web_Detail.aspx?id=12580

2. 山西省文物局《关于阳泉市博物馆基本陈列展陈大纲的批复》，http://www.sxcr.gov.cn/e/action/ShowInfo.php?classid=237&id=22609

3. 《张家界市博物馆历史馆陈列展览内容策划方案（草案）》公示，http://www.zjj.gov.cn/c37/20160420/i24520.html

第六讲

博物馆陈列展览形式设计实施

1984年，中国博物馆协会就成立"陈列艺术委员会"，多年来开展了一系列活动，在学术研究、工作探讨、业务咨询、培养人才等方面做出了很大贡献。

陈列形式设计人员一般具备美术的修养和技能，大都是美术学院培养的。但博物馆陈列艺术又与纯粹的美术创作有很大不同，其主体发挥成分不那么多，是带着若干限定条件开展创作的，是一种强调实用功能的艺术。

另外，形式设计人员实际承担着将陈列内容形象化和具体化的工作，其中涉及的技能和知识相当广泛，并需要较强的组织管理能力，工作强度和难度都是相当大的，博物馆对形式设计人员的要求和期待都很高。

第一节

陈列展览形式设计的作用与原则

按我国博物馆陈列展览工作的一般方式，整个工作过程可以分为内容策划、形式设计、施工（包括制作、现场组装和布置）三个大的阶段。内容策划工作的成品——陈列展览脚本，仅仅是设计工作的一部分，主要是靠逻辑思维开展工作的。到了形式设计阶段，则主要靠形象思维开展工作，要求把文字形式的陈列展览脚本变为形象具体的工作方案，把分散孤立的展品按陈列内容的结构要求加以排比组合，变为有内在联系而能说明情节内容的陈列。所谓形象具体，就是运用图式的工作语言来描述未来的陈列状态。当形式设计人员根据内容策划的要求完成了一整套陈列表现性和技术性图纸绘制工作之后，陈列的设计阶段才算结束。形式设计的成品是陈列图式，以及根据图式绘制的生产加工图纸。这将成为下一道施工作业的依据。所以说，形式设计是连接前后两个阶段工作的中间环节。内容策划如果有什么失误，在形式设计阶段还可以重新提出修改要求并采取补救措施，不致造成太大的损失。但形式设计如果有考虑不周之处，则很可能会造成施工阶段在人力、财力和物力等方面的损失和浪费。可见，形式设计所肩负的责任是重大的，压力也是沉重的。

形式设计工作处在内容策划阶段和施工阶段之间，势必要协调好与上下两个阶段工作人员的业务关系。一方面要与内容策划人员密切合作，在内容策划人员的帮助下，充分理解和领会陈列展览脚本的特殊要求，以便拓展思路，为每一组特定的欲传信息找到最恰当贴切的表达手法，并反映在陈列图式中。另一方面，要与施工技术人员密切合作，详细解释制作和选购材料方面的要领和要求，用精确的生产加工图纸和详备的材料选购计划指导有关人员开展工作。施工制作人员是从不同于设计人员的角度来判断事物的，往往并不把陈列设备材料与陈列效果的目标直接联系起来考虑，或者说，他们关心的是硬件，而不是软件。因此，设计人员必须详细介绍设计意图，以免施工阶段产生混乱。总之，形式设计人员与内容策划人员的合作是为了确保形式设计的正确性，与施工制作人员的合作是为了确保形式设计的可行性与效果性。可见，形式设计人员是通过自己的工作把各种人员凝聚成一股力量，去建构陈列空间的，起着重要的核心作用。

"适用、经济、美观"这六个字，可完整表达陈列形式设计的原则。

所谓"适用"，是指通过形式设计，运用各种技巧的技术，把陈列内容恰如其分地表现出来，做到形式与内容的高度统一，使陈列体系的结构层次清晰明确。陈列是给观众看的，陈列设计就要便于参观，陈列的布局、线路既要通畅、走向明确，又要便于开放期间的管理；要注意藏品在展出时的安全保护和便于观众流通疏散；要方便讲解人员导引参观，又要便于展出期间对房屋建筑、设备、道具等的清洁养护。

所谓"经济"，是指有效地使用人力、物力和财力，注意节约。要搞好一个陈列必然要花钱，没有一定的投资就无法实现具有一定质量的陈列布置，但有了经费，就应该力争使投资发挥出应有的效果。例如，在设计时注意到市场供应现成规格材料的尺寸，减少切割和再加工，不仅能节省材料，而且能节约劳动力。在安排施工进度时若规划得紧凑而合理，就会减少待工造成的浪费。

所谓"美观"，是指博物馆陈列的形式美应当突出自己的个性和风格。这种形式美是典雅大方、恬静朴素、协调和谐的。反对华而不实的唯美意识，不能搞堆砌。初涉博物馆陈列工作的美术人员应虚心向有经验的设计师学习，不要成为自己造型能力的俘虏而做出错误解释的陈列。所谓做出错误解释的陈列，表现为感觉性刺激过盛和知识性信息不足的组合体，观看这种陈列的观众，其投在陈列装饰上的注意力要超过投在陈列欲传信息上的注意力。

"适用、经济、美观"三者之间有着辩证关系，它们是不可分割的总原则，陈列艺术既是物质的、实用的，又是精神的、艺术的，如果把它们分割开来，片面强调其中任何一点，都将导致设计的失败。所以，"适用、经济、美观"既是设计的指导原则，也是评估设计质量高低的标准。

第二节

形式设计的步骤与方法

陈列形式设计可以分为三个小的工作阶段，即设计准备阶段、概念设计阶段、深化设计阶段。这三个阶段的工作是相互衔接而又循序渐进的。

一、设计准备阶段

设计的准备工作首先要掌握内容策划提供的展览脚本，包括大纲的主题结构和展品目录，还要掌握博物馆的建筑平面图纸。做到三个熟悉，即熟悉陈列的主题思想、体系结构和展品情况；熟悉博物馆建筑环境情况；熟悉社会上有关陈列布置应用材料的供应情况和工艺加工的技术条件。

设计师熟悉陈列内容、结构和展品情况是最基本的工作，要对展品做深入细致的调查研究，既要了解展品的历史艺术价值，又要熟悉它的外观造型，还要对主导展品的特殊意义进行构思，以便在背景、座架、展出形式的色彩、位置、照明等方面给予和主题要求相应的处理。至于熟悉程度，起码的标准是，不在眼前可说出其特点，并能逼真地画出器型来。要做到"如数家珍"，以便开展造型构思。很多设计师是美术类专业出身，对于文物器型别说熟悉，连名称读音都很陌生，这更加要求形式设计人员了解展品和内容。

熟悉展出环境，包括展厅的平面结构及面积、展厅的壁面结构及面积，展柜和展壁的高度、长度、深度及荷载量，展厅地面材料及设备、展厅自然采光及其构造、照明装置及线路配置等。设计师必须将建筑图纸与展厅建筑现场进行复测核对，纠正图纸不符实况之处，还要目测可资利用的旧设备（如展柜和座架、照明装置和衬布、屏风和地毯等），掌握其准确数量。

至于熟悉材料供应情况和工艺加工的技术条件，这是设计师为做好本职工作在平时就要关心的问题，应该说是一种职业习惯。只有时刻掌握市场供应材料的品种、规格、价格、质量寿命等具体行情，才能在设计过程中准确选择使用。对于场景、多媒体等科技手段，更应该深入了解，以便进行辅助设计。

在设计准备阶段最重要、难度最大的就是掌握陈列内容，对内容和意图的理解越充分、越深刻，越有助于设计构思。形式设计师在进行设计前最好不要急于动手设计，要仔细品读展览脚本，充分理解内容策划人员的意图，然后再进行设计构思。这一方面有赖于内容策划人员要尽可能提供完整详备的陈列展览脚本，同时还要依靠内容策划的提示，必要时内容策划人员要向形式设计详细解释大纲，就像演出排练时的"说戏"；因为科学类博物馆的展品价值往往着眼于科学内涵而非外观美，不应让缺乏科学知识的形式设计人员乱猜。有的博物馆让形式设计人员参与内容策划工作研讨，这无疑有助于他们对陈列意图的理解，应该发扬。

博物馆陈列展览是内容和形式的结合体，如果设计人员既懂相关学科内容又懂美术造型，当然是再理想不过，但兼科学家和艺术家于一身的人才很难得，也很难培养，我们往往不得不退而求其次，极力要求内容和艺术两方面的工作人员密切合作。不过，博物馆界确实也出现过既懂内容又懂美术造型的设计师，他们所制作的陈列往往很出色。当年王振铎先生为了揭示中国古代科学技术的光辉成就，为博物馆陈列研究、复原了指南车、记里鼓车、候风地动仪、水运仪象台等百余件古代科技模型，在国际科学技术史研究领域有着深远的影响。他推出了具有民族特色的陈列风格和陈列设备，对于丰富博物馆学，建设具有中国特色的博物馆事业具有启迪意义[1]。可以说，他属于身兼科学家和艺术家的典型人物，出自他手的陈列品组合、设备设计，以及古代科技原理的表现性模型等有许多精彩的范例。

二、概念设计阶段

概念设计（concept design），是陈列展览设计的一个核心概念，但并没有一个完整的定义可以框定概念设计的维度与广度。在陈列展览形式设计阶段，它是一种

1.《著名科技史学家王振铎逝世》，《中国文物报》，1992 年 3 月 1 日第 1 版。

设计想法的探索。从最初的概念出发，可以进一步挖掘形式设计的风格，并逐渐将设计想法成型。这是设计师自我思维转变的过程，而如何激发这种思维模式至关重要。

陈列展览设计首先是一套满足陈列展览脚本需求的解决方案。首先提出一个概念，这个概念要服务于陈列脚本的诉求与展览空间环境的满足。所以在提出概念之前，详尽的调查必不可少。

根据这个概念，延伸到设计方案的具体化，就是策略阶段。针对一个地方历史通展，我们要依据地方自然环境、社会环境、人文元素、展览脚本内容、博物馆需求等提出设计特性。每个特性都有对应的设计手法，这些设计手法与方案的有机融合就决定了设计的深度与质量。

概念设计就是将文字计划具体化，从内容到形式，统一安排、统一平衡、统一色调，全面地进行布局。概念设计的构思往往是在准备阶段"三个熟悉"的过程中就逐渐孕育形成了。概念设计可以沿着由大到小、由粗到细的思路分为以下三个步骤。

1. 进行总体布局规划，确定陈列展览的参观线路

这是一项把整个陈列的"量"和博物馆展厅可能提供的容纳量两者加以统一的工作，根据陈列主题结构和逻辑顺序，因地制宜地使用陈列空间。根据展厅建筑特点，决定陈列如何开头、如何结尾，如何分段，每个段落、每个展厅如何突出重点，还要考虑确定陈列展览的主线和副线等问题，从而制订适当的陈列参观线路。这个步骤的工作结果就是在展厅建筑平面图上对空间做出了轮廓性的段落划分与布局，其依据主要是展品的总量和陈列密度标准。

2. 确定陈列展览的基本表现形式

根据陈列内容和展品的性质、特点，制订设备的排列计划。例如绘画陈列需要用大量的墙面，珍贵的古代书画要用书画柜或大通柜，古代文物陈列要用玻璃橱柜加以保护，革命史陈列一般较多文献和图片、手稿和文物，既要用立柜、中心柜，又要用桌柜与陈列版面相结合等等。

3. 确定陈列展览的整体艺术风格和气势

不同性质的博物馆对风格气势应有不同的要求。不同的陈列展览，要求也不一样，但每一个陈列展览都应根据展示内容和展品特点来制订相应的风格和气势。主要通过总体色调、设备的式样、采光照明方案以及装饰手法等反映出来。

在概念设计阶段，设计师要有全局观念，展览前区、门厅、序厅等都应该做重点考虑，不能只看到主体展厅。

展览前区，指博物馆建筑的外部空间环境，有的馆前面是广场（如上海博物馆），有的是草坪（如南京博物院）等。大凡专门设计的博物馆建筑都有附属的前区空间。

展览前区是观众经过的第一个点，应该设法创造出某种气氛，使观众产生第一印象。以往总是把前区划为花匠和清洁工的工作范围，对该区域赋予信息功能的考虑不够，大大降低了前区的价值。

美国波士顿儿童博物馆，其建筑利用了几十年前的一座旧码头仓库，他们在馆区内建了一座三层楼高的白色牛奶瓶形象的建筑，上面标写着"儿童博物馆"字样，意思是向儿童传播知识，就像儿童每天要喝牛奶一样重要。这种设计十分切题，在功能上不仅成为一个引人瞩目的馆标，而且夸张的手法又使前区富有生气。这里用的是一个特殊的标记，大牛奶瓶属于类比性图像符号，利用既写实又夸张的手法模拟环境，来塑造与儿童博物馆相应的场所感（见图6-1）。

日本琦玉县立综合博物馆坐落在一个大公园内，环境优美。该馆是历史民俗博物馆，也是考古和艺术性的馆，他们在馆前区的绿地上展出一座4 000年前和一座1 700年前的原始人住房，这是根据考古学复原制作的露天展品。用这种手法点明了博物馆的性质和主题，也为展览前区创造出使人感到原始的环境气氛，为观众下一步的室内参观提供了心理准备和情绪过渡的条件。

日本奈良国立博物馆，陈列内容主要是古代佛教艺术品，奈良曾是古代日本佛教最为繁盛的地方，著名的中国唐代佛教大师鉴真和尚就曾在此地活动。该馆前区地带宽阔，环境幽雅，用简易围栏形式在前区放养了许多梅花鹿。这种天性温顺的动物显得与世无争，在前区（也是放养区）悠闲自得，也不怕人，观众还可以凑上

图6-1　波士顿儿童博物馆的牛奶瓶
（采自网络，https://www.bostonchildrensmuseum.org）

去喂食。这是借助梅花鹿温和的性情来暗喻佛教徒追求的某些行为准则的手法，可以使观众产生佛教艺术中心那仙境天堂般的感觉，为室内参观做了极好的情绪铺垫，也是一种相当别致的点题手法（见图6-2）。

图6-2　日本奈良国立博物馆的梅花鹿
（姚一青 提供）

总之，前区可利用建筑、小品等来烘托主题，也可利用雕塑来创造参观气氛，这是一个大范围的造型。从前区空间开始，就应有一个展示性、示意性、给人以入境感。如1988年7月至1989年11月，"天子——中国古代艺术展"先后在美国西雅图艺术中心、俄亥俄州哥伦布市特设展场展出，在展馆的入口处就模拟做了中国宫殿造型引导参观（见图6-3）。

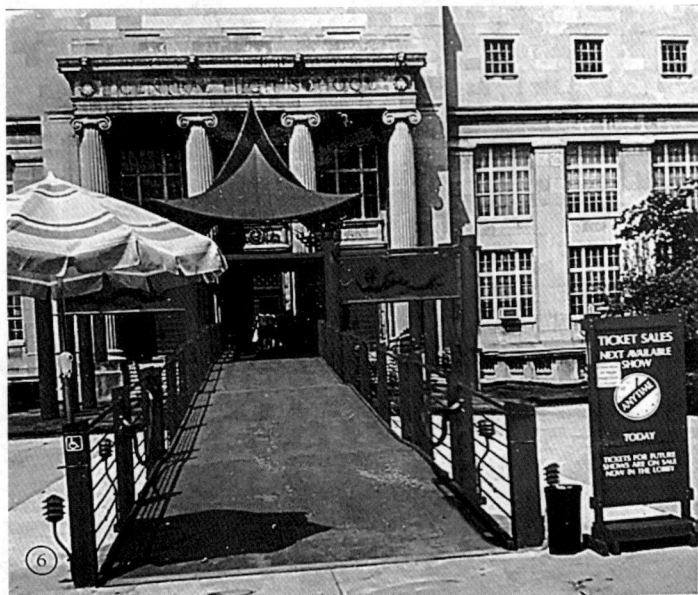

图6-3　1988年"天子——中国古代艺术展"在美国展出时的入口
（黄洋 摄）

门厅是联系展厅与外部环境的过渡场所，是观众进入博物馆建筑内的第一个点，他们在这里集散，也是引导观众参观，开展咨询业务的地方。门厅除了这些功能，它作为一个场所，也是文化界和政界社交的场所。西方常在博物馆门厅举办招待会或酒会，因为他们感到这里是有文化、很体面的地方，所以有时博物馆的门厅很宽敞。门厅虽还不是陈列内容的开始，但观众在参观前后想要寻问的问题之多，不亚于陈列室。所以，门厅是集中开展咨询业务的理想场所，不少博物馆都是在门厅设置咨询台，解答观众提问。在一些专题博物馆，往往把最显眼的藏品或新征集品放在门厅里展出，例如自然博物馆在门厅里放一具珍贵的恐龙化石或大象标本；民族学博物馆在门厅里陈放一件高大的印第安人图腾彩绘；纺织博物馆在门厅里放一件大型织机等，起到一种画龙点睛的作用，引发观众的求知欲望。去过英国伦敦自然历史博物馆（Natural History Museum）的人肯定都知道其门厅展出的巨型恐龙骨架，这是一个名叫迪皮（Dippy）的梁龙模型（见图6-4）。原件于1898年在美国被发现，这个迪皮模型已经展出110年，是博物馆标志性展品，深受参观者，尤其是孩子们喜爱。然而2015年，英国自然历史博物馆决定以一副蓝鲸骨架取代这个梁龙模型成为新的"镇馆之宝"，引发"保卫迪皮"运动。民众在网络表示，迪皮深受全世界人的喜爱，是英国的历史遗产，换掉迪皮会触犯众怒，迪皮激发了一代又一代儿童对地球往事的兴趣，帮助他们思考并关注这个星球的未来。日本丰田产业技术纪念馆（Toyota Industrial Science and Technology Museum）的门厅放置的是丰田佐吉先生于1906年独创的环状织布机，利用旋转运动进行织布，被看作是丰田研究与创造精神的象征，目前这个织布机还定时进行织布表演（见图6-5）。

再者需要重点考虑序厅。序厅是博物馆陈列展览的入口门面，是观众观看某个陈列展览的第一眼，起着至关重要的作用。序厅的设计要切题、简练、不落俗套，力争走前人没走过的路子，要有新鲜的吸引力。这些都有赖于设计者对主题思想有

图6-4　英国伦敦自然历史博物馆门厅的恐龙骨架
（黄洋 摄）

图6-5 日本丰田产业技术纪念馆门厅的环状织布机
（黄洋 摄）

深刻的理解，从中归纳出一种典型的视觉符号，做到画龙点睛。具体来说设计要做到以下几点。第一，序厅是破题，要一语中的将展览脚本中的展览主题特色鲜明地突出。第二，序厅要能够呈现空间特征，即力求体现地方的特色与历史文化，让观众在展览入口处对地域特色有所了解。第三，序厅要尽量表现时间特征，让观众在进入整个展览参观前有时间轴线的初步概念。

通常来说，一套完整的概念设计方案包括平面布局、参观动线、效果图及设计说明、配套设计等几个部分。

平面布局图是陈列展览平面布置方案的一种简明图解形式，用以表示设施、设备、展品等的相对平面位置。环境不能创造人的行为，但它可以鼓励或限制人的行为。其实平面布局的目的就是设计师帮助观众规划空间，通过他们的行走更好地理解陈列展览。对于单体的艺术品或文物，根据其自身的体量需要有适合的观看距离和范围，尤其对于稍大体量的展品，应该多留一些空间，并给观众以充分的观赏时间。

参观动线是观众参观展览时的行走线路。一个合理的参观线路能使观众在舒适安逸的心理状态下品味展品。在常规情况下，参观线路由入口开始，保持一定的行走线路。

效果图是通过图片等传媒来表达陈列展览预期的目标效果，现在主要是通过计算机三维仿真软件技术来模拟真实环境的高仿真虚拟图片，其主要功能是将平面的图纸三维化、仿真化。有时再设计时，设计师会先手绘效果图，手绘效果图需要比较扎实的绘画功底，才能够让自己的设计意图表现得栩栩如生。继而设计师会通过一些设计常用软件，比如3dmax、Sketchup、Photoshop等设计软件，配合一些制作效果软件来表现图形。由于绘图软件的普及，目前很多设计师重电脑效果图表现而轻手绘效果表现，但往往在现实的陈列展览设计沟通时，手绘效果图表现的作用远远大于电脑效果图，这也是设计师一种能力的体现。

配套设计通常是为了陈列展览方案的完整性与完备性而做的包括展柜、灯光、讲解等初步意向。

概念方案是设计师表现总体设计意图的一种方式，也是提供给主管领导及有关方面审查陈列设计方案的一种形式。有时设计师要做出几种不同的设计方案，供选择和思考。从总体概念方案中容易发现一些较大的问题，例如参观线路安排是否通畅，展品排列疏密度是否平衡，布局是否合理，环境中是否有不安全的因素，整个气氛是否与主题协调等，同时可以对经费投资总量进行初步的预算。总体概念设计的主要目的在于吸收各方面人员对总体设计的意见和看法。在取得各方面的认可或根据意见做出修改之后，总体概念设计工作即告结束，转入下一阶段的深化设计工作。

三、深化设计阶段

简单地说，深化设计工作涉及多媒体设计、展板平面设计、柜内布展设计（展台、展架等）、艺术品（场景、雕塑等）、施工图绘制（施工图部分、电气部分）、系统集成设计等方面。

"设计"一词的本意，就是根据一定的目的和要求所形成的构思和意图，运用符号形象地表现为可视的内容。设计师在完成了上述各种图纸和表格的绘制工作之后，设计阶段的工作也就全部结束了，陈列工作将转入最后的施工作业阶段。

设计工作的结束并不意味着形式设计人员的工作完成，随着形式设计阶段向制作施工阶段的转移，设计人员则从案头为主的工作方式转为现场施工组织者的工作方式，并一直工作到施工完成为止。施工阶段的成品就是可以供人们参观的陈列展览。施工阶段是工作最繁忙、最紧张的时刻，体力和脑力消耗都很大，人最疲劳，但也最关键。在施工过程中，各工种人员提出的各种问题会蜂拥而来，设计师必须冷静而又耐心地思考、分析和解决各种问题，解难答疑。有时自己还要承担部分制作工作，尤其在小型馆，形式设计人员往往就是制作人员，要求设计师一专多能。

从上述情况看，形式设计人员不仅要在造型设计方面发挥自己的专长，而且还要扮演施工工程指挥者的角色，牵涉到与馆内外各方面人员的关系，要求具备一定的组织管理能力，这方面的工作难度不下于设计本身。

为了预先观看展览的效果，有的博物馆对于设计非常慎重，会先手工制作出展厅的缩比模型。

第三节

陈列展览工作的组织管理

陈列展览工作牵涉面极为广泛，不仅要与馆内其他业务部门有着密切的业务关系，而且牵涉到雇用馆外的展览设计公司协助工作，工序繁多，沟通复杂，因而组织管理就自然成为一个很重要的问题。我们以往不太注意组织工作规律的探讨，单凭经验行事，陈列展览工作显得缺乏计划性。

陈列展览工作属于一种必须由集体参与来完成的工作，要组成一个工作班子来完成工作。应该研究这套班子，究竟有哪些人员和部门参与陈列工作，明确各自的职责和相互关系。通常都是由馆长或分管展览的副馆长挂帅，起到核心组织者的作用，协调各部门统一有序地开展工作。属于业务管理的决策、计划和人选是首先起步的工作内容。一个陈列展览总是从一个或几个人想要举办某个陈列展览开始的，这通常是在讨论全馆年度工作计划时决定的。所谓人选，主要指博物馆馆长和部门负责人根据内容和形式设计人员的特长选择指定项目设计的主要承担者，因为擅长于研究某类藏品的专业人员不一定在陈列展览部，要由馆长临时从其他部门抽调出来，协同陈列展览部进行内容策划；同样，形式设计人员也有各自的专长，也应结合个人优势指定形式设计的主要承担者，这样才有助于确保设计工作质量。一项陈列工作由某一位内容和形式设计人员"唱主角"，其他人员则"敲边鼓"，从旁协助。但这些"敲边鼓"的设计人员同时又可能在其他陈列工作项目中"唱主角"。目前，南京博物院、广东省博物馆等大型博物馆都实行了"策展人制度"，博物馆的工作人员都有可能成为某个陈列展览中"唱主角"的负责人。2016年7月12日广东省博物馆通过网络发布"青花之约——广东省博物馆特展策展人招募计划"，首次对馆外公开招募展览策展人。12月21日，经广东省博物馆陈展委员会综合初评，从诸多参选者中筛选出5名进入策展人终评评审。最终经过严格的筛选，朱铁权的"幽兰青韵：从科技、文化、贸易看青花瓷——馆藏明清青花瓷器展"方案获得了最高分数，成为终评评审会的优胜者。这次广东省博物馆策展人招募活动打开博物馆的大门和专业屏障，广纳社会智慧，充分体现了博物馆的社会性和公共性，是博物馆策展方向的新探索。同时，这也是实践广东省博物馆近年提出的"无边界博物馆"观念的具体体现[1]。

在确定了陈列展览工作人选后，被指定为内容策划主要承担者的专业人员即可着手工作，其内容包括：① 撰写陈列主题结构大纲（相当于文学剧本）。② 精选展品（相当于选演员）。③ 完成陈列展览脚本（相当于分镜头剧本）。内容策划人员在工作过程中要与形式设计的主要承担者保持联系，协同工作。一方面使自己的成品与形式设计工作衔接，另一方面也使形式设计人员尽早了解内容结构和意图，以便有充分的时间进行造型构思。④ 将陈列展览脚本给形式设计人员准备工作。通过项目负责人之间的相互协作，可使部门间的协作不致影响面太大，保证其他项目的工作正常开展。

在形式设计阶段，其主要内容有考虑概念设计方案、论证定稿、深化设计方案，这三项工作均与内容策划关系密切，需协调内容与形式的关系，内容策划人员应向形式设计人员"说戏"，解释内容策划意图。展览运作负责人应注意一点：内容策划不成熟、不稳定时不能交给形式设计部门，"待征集"因素太多，则形式设计部门有权拒绝接受不成熟的计划。形式设计人员自身要做市场调查，对用料、光照设备等的供应渠道和价格行情有所了解。要用整体效果图、模型乃至实验的方法论证总体设计方案的合理性。

总体设计方案除了给自己和内容策划人员以及主管领导审阅以外，还要广泛征求有关部门的意见，即所谓论证定稿的环节。送给讲解导引部门，他们会提出线路通畅与否、相互干扰与否等问题；送给保卫部门，他们会提出报警器安装方便与否、探头角度是否被遮挡、材料是否易燃、安全门和安全通道如何，消防器材种类选择、展厅有否展柜和板面造成的死角等问题；送给文物保护部门，他们会提出哪些展品需采取特殊保护措施，如照度限制、配置恒湿剂、防腐剂等等。各部门从不同角度发现和指出问题（隐患）。协调的办法就是由馆长出面组织各部门召开联

---

1. 《广东省博物馆首名馆外策展人诞生》，http://zwgk.gd.gov.cn/006940079/201612/t20161230_688139.html

席会议。

形式设计人员还要求保管部门的配合，因为目测展品是必需的，但又是很费事的，保管部门应按内容策划的要求将拟用展品提前集中在库内的某一处，以减少对库内正常工作的干扰。

在施工设计阶段，较多与事务管理部门发生业务联系，主要有：① 筹措资金；② 监督工程质量和进度；③ 备料和组织施工队；④ 编制经费使用计划，制订并公布工程日期表。通过协商使事务管理部门提前制订人员、物资和资金计划，以便及时安排用人、用车、占地等具体事项。

总之，一个陈列是否成功，在很大程度上取决于工作安排得是否合理，各馆应根据自身的条件认真总结，寻找规律，以使这一次工作比上一次工作做得更好，使这项不断反复的工作螺旋上升地向前发展。

第七讲

博物馆陈列展览的光与色

第一节

博物馆陈列展览的光

利用天然光作为光源照亮环境或物体的称为"天然采光",简称"采光";利用人工电光源的称为"人工照明",简称"照明"。它们对建筑形象和使用有很大影响。就博物馆而言,陈列展览无疑需要完整的墙面用来布置展品,但为了采光则要开设窗口以引入天然光源,两者形成一对矛盾。所以,在陈列室建筑设计阶段就应该注意到这个问题,把采光、建筑、陈列的三种设计结合起来考虑才妥当,如果分开来做,到了陈列设计时就会感到建筑形式对使用于陈列有太多的制约,造成不可挽回的损失和无法弥补的缺陷。

一、陈列展览对光的要求

目前有关博物馆灯光的指导性规范文件主要为《博物馆照明设计规范》(GB/T 23863—2009),其中对博物馆照明的相关术语、设计要求等都做了较为详细的规定。

采光和照明是陈列展览中比较突出的问题,良好的采光和照明可以提高陈列效果,反之则有损于陈列效果。在展厅里,采光和照明的主要目的是便于人们参观,使观众看清展品,同时也是出于陈列展览形式设计的需要,运用光来表现展出内容,制造气氛,吸引观众的注意力。但是,博物馆展厅在对待光的问题上不同于一般建筑或场所,因为博物馆肩负着长期保存展品的职责,从展品保护角度看,光几乎没有任何好处,将展品放在展厅里展出时,仅次于人为损伤的危害因素就是光。而想要让人们观看展品,就必须有光,这也是一对矛盾,并且没有根本解决的对策。采光照明的设计原则是,既要便于观众参观,又要尽力保护展品,必须两者兼顾,所以,博物馆展厅的采光照明问题比较复杂,条件也相当苛刻。

对于人类视觉而言，光有以下三个特点。

（1）可调性。在建筑内，不难人为地将光线处理得明亮一些或昏暗一些，使人们可以察觉到。人工电光源在照度、角度以及照射面积上是完全可调的，自然光源通过建筑采光口的面积、位置、方向以及室内设备（如窗帘、家具摆放角度等）也有可调的因素。人对光的视觉适应是需要一定时间的，从光亮的地方到光暗的地方有暗适应的过程，从黑暗的地方到明亮的地方又有明适应的过渡。博物馆采用人工照明的展厅内照度较低，也有一个视觉适应问题。

（2）疲劳性。人类视觉器官只有凭借一定的光照条件才能看到对象，但观看时间长了就会产生疲劳，对象处于过暗或过亮的环境中则更容易加速疲劳，视觉疲劳导致工作效率降低。在陈列这样主要诉诸观众视觉的环境中，光线对参观效果有直接影响，因而要特别注意光线处理问题。

（3）向光性。动物大多具有这种特性，人类也不例外。人类视觉器官对光十分敏感，哪儿有光就向哪儿看，这一点在人类行为中常常表现得不由自主。我们可以利用这种特性，把意欲给观众看的部位处理得亮一些，不想给观众看的部位处理得相对暗一些，可用来突出重点展品，并且节约观众的视觉消耗量。

光对它所能达到处的物品都有损伤作用，加速其老化。陈列中的器物大多是不透明的，所以光的老化作用主要在器物表面。但对大多数文物而言，表面正是其精华所在，如字画、彩塑、壁画、漆木器、古籍等都是。光的强度越大，其损伤作用也相应地越大。相对而言，光对有机材料质地的展品，如丝绸制品、皮革制品、纸质文物、棉织品、麻制品、木质文物的损伤作用稍大些；对石质和金属、陶瓷类文物的老化作用要弱一些。光的损伤作用的另一种形式是使器物表面的颜料老化褪色。这就涉及照度的选择问题。在陈列中，照度过高会引起观众视觉疲劳，也不利于展品保护，因为致伤展品的紫外线剂量与照度和照射时间长度成正比例关系。以往不少人持有"设施主义"观点，用一般展览馆的标准看待博物馆，总以为室内照度越大越好，实践证明这是不正确的。

博物馆陈列展览究竟使用自然光好，还是人工光好？在室内陈列展览中，运用自然光有以下三个优点。

（1）最大好处是不消耗能源。以前在国内电力供应比较紧张的时期，各地普遍存在经常停电的问题，因而陈列设计在光源选择问题上应尽量避免受电力供应条件的制约。如今停电现象几乎没有，但也存在着人工光要付费导致高额费用的财政问题。

（2）自然光的显色效果好，可以保持展品色彩的真实性，而人工光却有一定的色彩失真现象。

（3）自然采光的展厅有较大面积的玻璃窗式采光口，便于自然通风，保持室内空气新鲜，不用付费就能符合人体生理卫生标准。而人工光展厅却要依靠机械通风，不仅有耗能付费问题，还有设备添置，维修保养，机械噪声，以致效果不佳等一系列问题。

自然光也有不少缺点，主要有以下几点。

（1）需要在建筑墙面上开设采光口，使陈列展览使用失去很多宝贵的完整墙面，影响展厅的使用效率，同时也增加了不安全因素。

（2）自然光不容易控制，不能改变照射方向，因而不便于在设计时进行造型立体感处理，失去一个重要的表现手段。

（3）光量不可调节，陈列内容的逻辑性排列与采光口位置无关，往往造成需要光的展品离窗口远了很难处理，反之亦然。

（4）自然光中紫外线强，不利于文物保护。靠近窗口的地带有直射光，成为不能布置展品的空地，降低了展厅利用率。

（5）当使用玻璃展柜时，为保护展品，柜内照度应控制在150至200勒克斯以内，而采光口周围的照度会达到5 000到6 000勒克斯。这样会使柜内照度低于柜外照度，从而形成"眩光"现象，室内其他带有玻璃质表面的展品和设备也会产生耀眼的反光。

由上述对比可见，人工光源的长处正是天然光源的短处，人工光源的短处往往又是天然光源的长处。

展厅对光照的要求主要有以下几点。

（1）要求光色准，不能偏色。

（2）要求不含紫外线。

（3）照度分布要合理，一个展厅内不要一样亮，也不要求光照分布均匀。当观众集中注意力观看展品时，他下意识地不关心其他任何东西，于是任何不相干的视觉信息均将成为一种不受欢迎的分心因素。用照度来集中视觉，可以提高参观效率，并且节约照明用能。将宝贵的能源用来照射那些不需要看的地方，是非常不合理的，展品区照度应高于观众区照度，这才有利于观看，观众的注意力才能集中。陈列照明应使展品表现得非常突出或具有刺激性，而其余的则比较淡化或基本看不出，有效的陈列应使明暗对比较强烈。

（4）注意避免眩光和反射光。视野中的物体亮度过高，或者与背景之间的亮度对比很大，会使人产生刺目的感觉，这种情形称为眩光。另外，自然光展厅的采光口也是形成眩光的因素之一。

（5）陈列中多立体展品，为表现立体感，光线应有一定的方向，产生了投射光线与展品环境光线的适度比例问题。

另外，在展厅的光环境设计时，应该把握好以下几点。

（1）均匀度。一般画面最低照度和最高照度之比不应小于0.7，特大画面不应小于0.3。

（2）对比度。对比度可以定义为物体亮度与背景或环境亮度的比值。物体表面照度和反射比成正比。设计师需要对物体的反射性能有所了解，对背景使用材料和整体照明方式有所了解。

（3）视觉适应。应限制博物馆各区域的亮度范围，使眼睛在任意时刻都可以适应。画面亮度应高于周围背景亮度，其亮度比不宜超过3∶1。亮度过高的区域将成为眩光区，造成视觉困难，影响对展品细节的观看。

（4）表观颜色。对比不仅可以通过亮度的差异，也可以通过颜色的差异来实现。如果物体和背景由不同相关色温的光源照亮，颜色对比就可以显现出来。要避免造成展品的颜色失真，避免色差过大导致视觉注意力的分散。

（5）显色性能。在陈列绘画、彩色织物、多色展品等对辨色要求高的场所，应采用一般显色指数不低于90的光源作为照明光源。对辨色要求一般的场所，可采用显色指数不低于80的光源作为照明光源。

（6）展品背景。展品背景不仅影响展示效果，也影响眼睛的接收状态。视觉接收取决于亮度和颜色。背景和物体之间的亮度对比不能过大，如果背景明显地比展品亮或暗，将降低看到的细部质量。

（7）眩光。眩光由整个视野范围内的总体亮度相比过亮的光源、窗或其他光源，直接或间接地被看到而形成。一次反射眩光，光源通过画面，特别是带镜框的画面反射所产生。为防止反射眩光，对扩散光的投射角可考虑10°的余量，同时为了防止画面出现凹凸现象，灯具不能设计在与画面成20°的范围内。二次反射眩光，这是由观众自身或周围物品的亮度高于画面亮度，以致在玻璃面上反射映像而产生的眩光。二次反射眩光消失或减弱的方法是控制观众和周围物品亮度，使之低于画面亮度。

（8）立体感。对于立体的展品，应表现其立体感。立体感应通过定向照明和漫射照明的结合来实现。

二、博物馆陈列展览照明设计原则

安全、还原、舒适是博物馆陈列展览照明设计中要遵循的三个原则。

博物馆照明设计必须优先处理好安全保护展品和更好展示展品之间的矛盾。安全包括展品安全和灯具安全两方面，要在实现灯具安全的同时务必保证展品的安全。照明安全有三个注意事项。① 机械安全：灯具从安装到拆卸应方便、快捷、稳固，不得有掉落等潜在危险；② 电气安全：灯具为带电载体，电气需符合电工安全规范，无触电、起火等隐患，这其中要由特殊工种完成；③ 灯光安全：灯光安全最容易被忽略的，红外线的热效应、紫外线的化学效应、照度水平、年曝光量等都会对文物安全造成影响。

要保证照明设计的安全，需从以下几点入手。① 防止红外线的热效应。红外线辐射会引起展品表面温度升高，导致展品的热胀冷缩，加速展品的老化速度，增加材料的干燥程度，使之易脆，有可能使文物表面发生翘曲和龟裂现象；② 防止紫外线的化学效应。灯光的紫外线会引起展品表面产生化学反应，造成博物馆展品的老化，如褪色、色变、质变等可见的损害，而且无法通过保护手段恢复；③ 控制照度水平。为了展品的安全，在博物馆照明设计中，应当注意光辐射对展品的损害，对灯具的紫外线和红外线使用滤镜进行过滤，对于展品的照度水平也要严格控制；④ 限制年曝光量。博物馆也应当对展品灯光的年曝光量进行控制。

博物馆的展品都具有一定的纹饰与色彩装饰。因照射的人工灯光还原质量不同，可能会导致映入观众眼睛的文物外观及色彩偏色、含混、黯淡等，与原本相比可能会大大失真。而且根据混合光的原理，不同颜色的灯光照射物体，有可能混合后产生新的色彩。因此，灯光应能真实还原展品的色彩、细节、层次、对比等。保证博物馆灯光的高度还原，要做到以下几点。① 提高灯光的高显色性。在博物馆灯光设计中，对于绘画、纺织品、陶瓷等对辨色要求高的展品，应该选用高显色性的灯光，呈现真实色彩。光源的显色性直接影响着展品色彩的色调和饱和度的表现；② 选择合适的色温。博物馆照明设计中，展厅气氛的塑造以及展品色彩，材质的呈现显得尤为重要；③ 塑造完美立体感。博物馆照明设计中通常采用泛光照明与局部重点照明相结合的手法。博物馆展厅照明应通过不同的亮度对比，明暗搭配，光影组合，折射出文物富有立体感的艺术效果，利用灯光让文物"活"起来。

舒适是博物馆在提升公共文化服务水平时要重点考虑的。在为观众提供丰富的展览同时，创造良好舒适的视觉光环境，也成为博物馆陈列展览灯光设计的重点。首先要消除眩光。其次要讲究均匀度。另外，要遵从视觉规律。展品的亮度应高于背景亮度。亮度过高的区域将成为眩光源，造成视觉困难，影响细节观看。

三、采光方式

天然光源来自阳光，通过建筑采光口进入室内，博物馆展厅的采光口分三种形式：侧窗采光（又有低侧窗和高侧窗之分）、顶窗采光（玻璃瓦顶棚）、混合式采光（顶侧窗）。

这三种形式各有短长，应考虑以下几个问题。① 从造价标准来平衡；② 是否便于使用期间的管理和保养；③ 使用功能是否符合要求；④ 视觉效果怎样。

侧窗又分低侧窗和高侧窗两种。低侧窗台高度一般在距地面1米左右，最低可落地，是一种古老简单的方式。低侧窗的长处是造价较低，构造简单；便于管理，室内显得开朗，自然通风良好，而且不受建筑层数限制，建筑立面也容易处理，十分经济，应用广泛。低侧窗的缺点是室内照度分布不均匀；容易产生眩光；减少了墙面的利用率。

高侧窗台与低侧窗相比，一定程度上能克服照度不均和严重眩光的缺点，其最大优点是窗下的墙面完整，可用来布置展品，从而保障较高的空间利用率。但高侧窗在管理上（开关窗户和清扫等）不如低侧窗方便，而且不能完全消除照度不均和眩光的问题。

顶窗采光是在室顶开设窗口，分为顶光式和顶侧窗式两种。顶窗采光方式的优点是室内照度分布均匀，便于室内分隔和灵活布置展品，最大限度地利用展室地面积；照度值比侧窗高，并且由上而下的垂直光十分符合陈列要求，不会产生眩光和反射光现象；保证了墙面完整，提高了墙面利用率。

顶窗采光方式，单从陈列设计角度看似乎是最理想的，但采用得并不普遍，因为它有以下几种缺陷：玻璃天棚造价高，结构复杂，俗话说"没有不漏水的天窗"；室内没有通风口，自然通风不良，而一定要借助机械通风，那么能耗问题就会随之出现，不够经济；顶窗玻璃多属倾斜状，易渗水、积尘、积雪。在保洁和维修等管理方面比较麻烦；顶窗只能用于单层展厅或顶层展厅，受层数的限制（见图7-1 ~图7-3）。

图7-1　英国大英博物馆雕塑厅的高侧窗自然光加重点照明
（黄洋 摄）

图7-2 英国阿什莫林博物馆雕塑厅的高侧窗自然光加重点照明（黄洋 摄）

图7-3 英国泰特不列颠（Tate Britain）的自然采光（黄洋 摄）

四、照明方式

博物馆的展示内容及展品的配置会随着规划而改变，因此照明最好也能够弹性应对，如可以选择能够搭配各种不同灯具的轨道配置。此外，照度控制也很重要，因此一定要配置调光装置（见图7-4 ～图7-6）。

1. 泛光照明

不考虑局部的特殊需要，为照亮整个展厅而采用的照明方式。为提高特定工作

图7-4　英国大英博物馆的纯人工照明
（黄洋 摄）

图7-5　英国V&A博物馆遮挡自然光使用人工照明
（黄洋 摄）

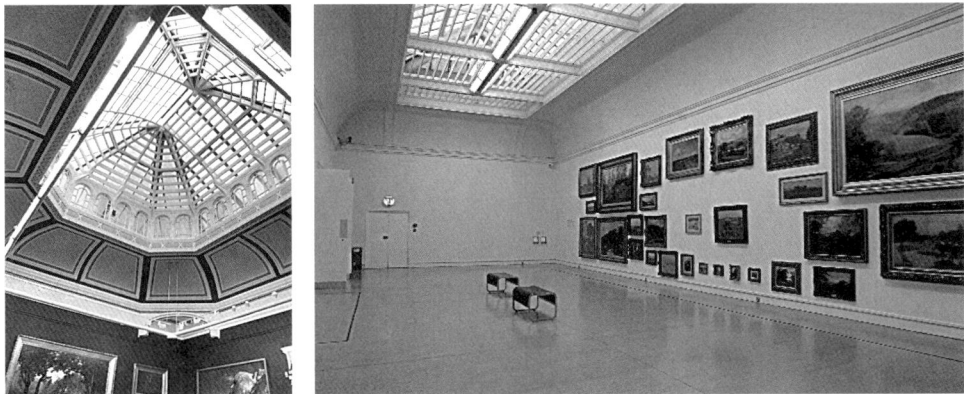

图7-6　利兹艺术画廊（Leeds Art Gallery）的自然光与人工照明混用
（黄洋 摄）

区照度，常采用分区一般照明。一般照明由对称排列在顶棚上的若干照明灯具组成，室内可获得较好的亮度分布和照度均匀度，所采用的光源功率较大，而且有较高的照明效率。

发光顶棚照明。通常由天然采光和人工照明结合使用，特点是光线柔和，适用于空间较高的博物馆。

格栅顶棚照明。与发光顶棚相比，透明板换成了博物馆常用的金属或塑料格栅，其特点是亮度提高，但展厅环境光照还行，墙面和展品上却照度不够，必须与展品的局部重点照明结合使用。

嵌入式洗墙照明。洗墙灯，顾名思义，就是让灯光像水一样洗过墙面。嵌入式洗墙灯照明可以灵活布置成光带，将光投射到墙面或展品上，增加其照度和均匀度，灯具较为隐蔽，光线柔和，不易产生眩光，效果不错。

2. 重点照明

为满足展厅某些重点部位的特殊需要，在一定范围内设置照明灯具进行重点照明的方式。

轨道灯投射照明。在天花顶部吸顶，或在顶部吊装、架设轨道，灯具安装方便，位置可在轨道随意调整。通常用于突出重点展品，是现在博物馆常用的照明方式。

反射式照明。将光源隐蔽，使光线投射到反射面再照到博物馆空间。光线柔和，形成舒适的视觉环境。

垂直版面照明。悬挂于图文版面上方的荧光灯或LED内嵌射灯。隐藏在版面上方顶棚之内，光线投向版面，照度均匀。

展柜内照明。展柜是博物馆展厅中常用的展示设备，因此应该在柜内加局部重点照明，光源应加隐蔽，并考虑热量的排除孔洞和通风。

3. 混合照明

混合照明是泛光照明和局部重点照明组成的照明方式。混合照明是在一定的区域内由泛光照明和局部重点照明的配合起作用，保证应有的视觉工作条件。良好的混合照明方式可以增加工作区的照度，减少工作面上的阴影和光斑，在垂直面和倾斜面上获得较高的照度。

第二节

博物馆陈列展览的色彩

光是产生色彩的基础，色彩是被光感知的结果，没有光就没有色彩。色彩是博物馆陈列展览内景艺术装饰的重要手段之一，通过色彩运用可以制造各种情调和气氛，影响观众的情感。陈列展览工作者不仅要懂得色彩学的基本原理，还要认真探讨博物馆陈列用色的基本特点和规律。由于博物馆类型多样，陈列主题内容不一，建筑形式和陈列条件不尽相同，所以不存在某种适合于所有特定场合的配色定法。

一、色彩学的一般概念

色彩分为两大类，即无彩色系与有彩色系。无彩色系是指由白色、黑色及介于两者之间的种种灰色组成的色彩系列。无彩色系中颜色的区别仅在于明度上的不同，越接近白色，其明度越高，越接近黑色，其明度越低。有彩色系指红橙黄绿青蓝紫，以及它们之间不同量的混合色。

有彩色系中的颜色要依其色相、纯度和明度来加以区别，它们称为色彩的三个属性。

色相，是颜色最基本的性质，就是色彩的面貌、长相。也就是我们用以标明不同颜色的名称，所谓"七彩"就是相，例如蓝、翠绿、深红、黄等。红色又有多种红，也是色相。

明度是指色彩明暗相当于从黑到白的某个灰度。由于物体表面反射光线的能力不同，会体现出不同的明度。并非每个色相都有相同范围的明度，例如黄色，基本上是较明亮的，发暗的黄则近乎泥土的颜色。红色不能随意增亮，否则就会改变红色的基本品质。淡的颜色较明（如粉红、鲜蓝、粉绿），深的颜色较暗（如深紫、深绿等）。

纯度，是指色彩的纯净度、鲜艳和饱和程度。一种颜色中所含的有效成分越多，色彩的纯度越高。纯度最高的色彩就是所谓"三原色"，在原色中无论加入任何一种颜色，都会降低其纯度。例如蓝墨水，加入清水则变淡，甚至使蓝色消失，但其成分仍存在着，只是已经为眼睛所看不见而已。这一作用颇有实用价值。

二、色彩的视觉特征

把握观众生理和心理平衡的原则，并运用于色彩设计非常重要。这是陈列展览的功能所决定的，依据在于效益。陈列展览是为广大观众服务的，必须与观众的生理和心理取得较好的统一，谈到陈列色彩，不能不注意观众的生理和心理需求。

完成一次参观需要一定时间的延续，而人们参观方式的现象特征是，其行走方式为正身横走，或正身侧首向前，这显然违背了日常生理和行为习惯；其视角变化方式既有正视，也有仰视或俯视，其中仰视或俯视是不正常的，正视才属于正常的行为习惯。陈列中夹带着的这些违背日常行为习惯的行为会导致参观疲劳，除了在展具设备设计和展品陈列高度方面需要注意避免疲劳问题外，色彩设计也要注意这个问题。

观众在参观时，主要是通过视觉接受光和色的刺激，产生兴奋，兴奋之后就会有抑制，就像站久了想坐，走久了想停下休息一样，色彩看久了就要更换一种色彩，以维持平衡。经验认为，大块的强烈色彩过多使用则容易引起观众疲劳。

抓住色彩的感情因素来处理陈列色彩。任何人都爱好色彩，同时也是有感情的。原因是色彩具有物理和心理效应。某个色相叫人喜欢，这是在见到色彩以后才产生的，属纯粹的物理效应，之后就会消失。另外，在生活中常年经验积累，感到色彩的色相，红色有花、红墨水、火、衣服、太阳等；会引起联想，也属于物理效应的范畴。而在长期的物理效应基础上，通过心灵感受产生联想和推理等，又属于心理现象，人们不仅感到太阳红，而且感到太阳温暖；绿色为阴，会产生冷、凉的感觉。心理作用是建立在物理作用基础上的。有这两种作用，人们才对色彩产生了感情。例如暖色，人们进入室内，会因其室内色调温暖而感到温暖，这只是感觉问题，实际上室内外温差可能是一致的。

色彩感情因素常唤起人的联想，这在陈列设计中被赋予了一种主观语言的功能。陈列室作为信息传播场所，特别强调在心理学意义上使用色彩，这是很自然的，也因此有别于其他场合。例如，血使人有痛苦的感觉，过去的生活经验被反映到当前的记忆中来了，这是心理作用。个人的、国家和民族的传统和文化因素都会对色彩产生感情。

三、陈列展览中的色彩运用

色调决定气氛，如庄严、艳丽、热烈、欢快、悲怆等。在表达气氛上，色彩是主要因素，是外在的审美形态，最能激起观众兴奋或抑郁。

博物馆在选择陈列色调时，往往要考虑到陈列主题多变的因素，因而多采用能够左右逢源的中性色调，这也是不得已，但在专题性同时又是长期固定的陈列中，则应该在色调上为主题服务。假如我们要策划一个反映民族历史的基本陈列，在确定陈列色调时召集有关历史学家、民族学家、民俗学家、美学家、艺术家等共同研讨，力求从色彩中找出一个最能反映该民族传统文化的符号，其结果就是该陈列中的色调被注入了文化因素，从而也形成了最适合于渲染陈列主题的环境气氛。由此看来，色调选择在博物馆陈列中是一个既复杂又重要的问题，不是我们想象的那般简单。如红色肯定是举办红色题材展览的首选颜色，但根据具体的内容，也会选择不同色相的红色，中共苏区（闽西）历史博物馆第一部分"红色星火　燎原闽西"的展示中，展墙就使用了3种不同的红色。又如寺院外墙的颜色为宫廷御用的黄色，像"金刹"一般，彰显庄严尊崇。黄色自古以来就被视为尊贵的色彩，因为黄色在五行学说里代表中央方位。至明清两代，便明文规定只有皇帝之宫室、陵墓建筑及奉旨兴建的寺庙才准许使用黄色。此等渊源一直被后世所承袭，然帝制虽已废除，寺院庙宇用黄墙也表示与普通民居有所区别。在佛教题材的展览中，以黄色为环境色，可以很好彰显佛教元素，让观众一进入展厅就对佛教题材有所认识（见图7-7 ～图7-10）。

材料与色彩相辅相成，考虑材料的同时就要考虑色彩。陈列形式必须服务于主题内容的表现，陈列材料的使用也不能脱离这一原则。可用的材料是多种多样的，

图7-7　中共苏区（闽西）历史博物馆展示采用红色
（黄洋 摄）

图7-8　英国伯明翰博物馆与美术馆佛像展厅采用黄色
（黄洋 摄）

图7-9　宁波博物馆天封塔地宫出土文物展示采用黄色
（黄洋 摄）

图7-10　英国利物浦海事博物馆（Liverpool Maritime Museum）采用蓝色色调
（黄洋 摄）

图7-11　英国苏格兰国家美术馆的红绿色彩搭配展厅
（黄洋 摄）

应针对具体内容加以应用，而不是唯美主义的，材料的色彩应该同质地综合考虑。如在装饰新旧石器时代文物的台座时，可采用粗糙的麻布，使陈列装饰更接近该历史时代的风格，对一些精美的玉器、金器等，则可采用黑色等来进行衬托，使观众产生一种珍贵感。从艺术到生活，"红配绿"似乎是大众最不敢触碰的搭配。人们对红绿搭配的误解根深蒂固，相信在很多人心目当中，红配绿就是丑、土，不懂审美的代表。然而只要使用得当，"红配绿"并非一定只是俗气的代名词。英国苏格兰国家美术馆（National Galleries Scotland）的展厅就采用红配绿的形式，红色的展墙，绿色的地板（见图7-11）。

第八讲

博物馆陈列展览的
施工、开放与评估

第一节

陈列展览的施工组织设计

博物馆陈列展览施工是一项复杂的系统工程，不仅程序繁多、专业性强、涉及面广，而且与普通装饰工程相比具有一定特殊性。要保证展览最终的科学性、艺术性以及制作工艺的可靠性、造价的合理性，必须有一套合理的工作程序，并对每个程序提出具体的规范管理要求。近些年博物馆陈列展览在布展施工过程中出现这样那样的问题，关键原因之一就在于过程中缺乏科学的组织规划，整个过程是在非专业化、非程序化和非规范化中运作。

施工组织设计是用以指导施工组织与管理、施工准备与实施、施工控制与协调、资源的配置与使用等全面性的技术、经济文件，是对施工活动的全过程进行科学管理的重要手段。通过编制施工组织设计，可以针对工程的特点，根据施工环境的各种具体条件，按照客观的施工规律。完整的施工组织设计应包括以下方面：① 工程概况；② 施工现场平面布置；③ 项目管理机构及人员配置；④ 施工进度计划；⑤ 施工方案及技术措施；⑥ 施工组织、劳动力、机械材料进场计划；⑦ 施工质量保证措施；⑧ 施工安全保证措施；⑨ 冬季、雨季施工方案；⑩ 施工现场维护及环境保护措施；⑪ 现场文明施工措施；⑫ 地下管线及地上地下设施的加固措施；⑬ 工程资料管理措施；⑭ 工程交验后服务措施；⑮ 必要的项目组织机构图、劳动力计划表、施工平面布置图等。

第二节

陈列展览的工程监理

工程监理是指具有相关资质的监理单位受甲方的委托，依据国家批准的工程项目建设文件、有关工程建设的法律、法规和工程建设监理合同及其他工程建设合同，代表甲方对乙方的工程建设实施监控的一种专业化服务活动。工程监理是一种有偿的工程咨询服务，是受甲方委托进行的，监理的主要依据是法律、法规、技术标准、相关合同及文件。

博物馆陈列展览的监理主要任务是审核制定的施工组织方案，对工艺和技术要求进行把关，控制进度与预算等。具体来说，监理公司对展览的基础装修与装饰、展项设施（包括图文展版、场景、沙盘、模型、雕塑等）制作、设备（包括多媒体、智能化、灯光音响、互动装置、语音导览装置、库房恒温恒湿和保护设备等）的采购与安装等内容的设计阶段、施工阶段和质量、进度、费用等全过程监理。

第三节

陈列展览的竣工验收审计

工程竣工验收是指建设工程依照国家有关法律、法规及工程建设规范、标准的规定完成工程设计文件要求和合同约定的各项内容，建设单位已取得政府有关主管部门（或其委托机构）出具的工程施工质量、消防、规划、环保、城建等验收文件或准许使用文件后，组织工程竣工验收并编制完成《建设工程竣工验收报告》。博物馆陈列展览的竣工验收一般由博物馆按照当时与展览公司签订的合同，组织文博行业与其他相关领域专家组成验收小组，进行陈列展览的验收。

审计是由国家授权或接受委托的专职机构和人员，依照国家法规、审计准则和会计理论，运用专门的方法，对被审计单位的财政、财务收支、经营管理活动及其相关资料的真实性、正确性、合规性、合法性、效益性进行审查和监督，评价经济责任，鉴证经济业务，用以维护财经法纪、改善经营管理、提高经济效益的一项独立性的经济监督活动。装饰工程由于其自身项目复杂、变更频繁、隐蔽工程多等特点，审计具有一定难度。而博物馆陈列展览虽然总体上属于装饰工程，但有很多非标准部分，审计难度更大。博物馆陈列展览的审计有两个趋向，一是各地逐渐认识到博物馆陈列展览工程的特殊性，因此有的地方特例特办，如宁波市审计局针对宁波博物馆陈列布展审计时，根据博物馆陈列布展工程的特殊性，特别是布展中大量采用的绘画、雕塑、模型、景观箱等含有创造性、艺术性价值元素，对其价格的认定很难简单地套用建筑装饰工程标准进行审计，审计组根据项目特点制订新的审计方式、方法，确保项目审计工作顺利开展，如期完成审计目标和任务，保障文化工程建设资金合理、合法、有效地使用[1]。二是以往的竣工结算审计属事后控制，有些

---

[1] 宁波市审计局：《宁波博物馆工程审计为艺术性元素定制新方法》，http://www.chinaacc.com/new/552_553_201009/09gu468062400.shtml

造价的虚增，实际上在签订合同时就已经存在，由于合同具有相应的法律效力，有些问题已是不可逆转。从控制装饰工程造价、减少工程决算差异的角度来说，此类工程结算应实行跟踪审计，审计人员应自签订合同时提前介入，以收到更好的效果。近两年有些博物馆陈列展览的审计就通过招标方式选定一家公司全程跟踪审计，及时发现问题。2018年2月，和田博物馆对陈列展览设计施工一体化工程全程跟踪审计项目进行招标。2018年2月9日，陕西历史博物馆基本陈列改造工程跟踪审计项目成交，陕西益友工程造价咨询事务所有限公司为陕西历史博物馆提供全过程造价咨询服务，提供工程量清单及招标最高限价编制、预算编制与审核、结算审核、材料设备询价等造价咨询服务。

第四节

陈列展览的评估

博物馆的陈列展览是为公众服务的，策展阶段能否抓住公众的兴趣点，展览能否获得观众的认可都至关重要。如果没有充分认识到观众的重要性，那展览有可能存在失败的风险，观众看不懂，不受欢迎，博物馆吃力不讨好。因此，"展览评估"（exhibition evaluation）显得非常重要。美国博物馆协会制定的《博物馆展览标准及其卓越指标》（*Standards for Museum Exhibition and Indicators of Excellence*）中提出在展览策划和布展、展出期间都要对展览进行评估以了解观众的反响。

展览评估可以分为展览前的前置评估（front-end evaluation）、布展中的形成评估（formative evaluation）和开展后的总结评估（summative evaluation）。

前置评估是最重要的阶段，但经常不受重视。前置评估的结果要在策展阶段充分吸收，对展览的内容和形式都会有很大影响，成功在于定位，做好前置评估，在某种程度上增加展览的成功概率。近几年南京博物院的很多展览都召开观众调研会。2015年，南京博物院在举办"温婉——中国古代女性文物大展"之前，于3月28日（周六）、3月29日（周日）召开展前公众调查观众邀请访谈会。观众的征集和选举采取的是网上自主报名加一定程度的选取方式，对象要求年满16周岁以上，学历不限、专业不限。访谈会旨在：① 了解公众对于中国古代女性的整体认识，为未来如何展示中国古代女性及所属时代背景进行参考；② 了解公众对中国古代女性展览的具体内容与文物概念有多少直观认识，为未来如何具体展示相应文物提供参考；③ 找出公众对中国古代女性展览的兴趣点究竟有哪些，并记录下公众对该展览的具体期待；④ 根据策展团队关于该展览展陈纲要的说明，请参与的观众分享相关经验与认识并提出疑问，为未来配套的公众活动与推广教育提供参考[1]。

---

1. 《"温婉——中国古代女性文物大展"展前公众调查观众邀请访谈会》，http://nwbwg.qzu.edu.cn/index.php?g=&m=article&a=index&id=15

2016年，"法老·王——古埃及文明和中国汉代文明的故事"也召开过两次针对观众的展前调研会，一次是针对普通观众，一次是针对中学历史老师的。而且根据调研会征集到的意见也确实为展览、活动、文创等带来了改变。比如，观众感兴趣的文物，在布展时会结合文物重要性，尽量放在重点的展柜中。

形成评估是在展览的设计制作阶段，针对目标观众群，就展览的内容和形式进行调研。在陈列设计的过程中，形成评估可以评估展览的有效性（检测观众是否理解展览的文字，是否了解了展览想要传达的内容）和传递方式的准确性（观众有没有按照预想的方式利用展览）。普遍的做法是利用仿真模型，观察观众的反应。南京博物院曾经以漆器馆中的彩绘宫闱燕居图樽及其复制品的展柜为一个展览单元，进行原型测试[1]。

总结评估是在展览试开放期间，在展览真实环境下对观众进行评估，以发现展览的不当之处，调整后正式开放。甚至展览正式开放后，还需要不定期进行评量，以促进博物馆展览跟上发展的脚步，或者为今后改进做准备。

1. 任杰：《博物馆形成评量的原则与实践》，《中国文物报》，2011年2月9日第6版。

第九讲

博物馆陈列语言

陈列语言作为博物馆学的一个术语，系指一种特殊的陈列艺术表现手法，也可以说是对"好的陈列表达形式"的总结。陈列语言手法的实际运用比之作为课题来研究要早得多。恰似语言与语言学的关系"不懂语言学也会说话"一样，人们并不是先研究陈列语言规律而后进行创作的，但却只能说那是一种相对无意识的创作。作为职业的博物馆陈列展览设计者，应该从无意识的创作向有意识的创作的境界过渡，其途径就是对陈列语言进行分析研究。寻找其规律性的东西，并将它作为创作要领加以把握。对该问题的深入思考，有助于工作人员掌握陈列展览设计的基本原理，并可直接用于提高陈列展览的质量，在理论和实践上都具有现实意义。本章试图以规律性探索为目标，在已有研究成果的基础上，采用一些相关学科的方法，通过实例分析，偏重在理论层面上对陈列语言的概念、要素、结构、解读及规律等问题进行解释。

第一节

陈列语言的概念和性质

一、陈列语言的术语演化与概念

陈列语言在我国博物馆学界是20世纪80年代才盛行起来的术语，系指博物馆陈列设计者通过展品组合（空间安排）向观众转达特定思想内容或情感的手法。该术语大概是从20世纪50年代出现的类似术语演化而来。1956年，中国博物馆科学工作研究所筹备处翻译《苏联博物馆学基础》一书中采用"实物的语言"这一术语[1]。文化部文物局于1962年8月发布的《博物馆与文物工作的几点意见（草案）》中写道："博物馆的陈列要以它特有的语言向观众说话。"[2]1983年，费钦生先生在中国博物馆学会第二次年会上发表《论陈列的特有语言》一文，对陈列语言进行了阐述。1991年国际博物馆协会博物馆学委员会（ICOFOM）年会在瑞士召开，会议的中心议题就是"陈列的语言"。彼得·冯·门施（Peter van Mensch）在发言开篇就确立了"陈列语言"的具体含义，认为陈列语言是"我们（博物馆工作人员）与观众交流沟通的方法"。1994年，张锴生认为所谓"陈列语言"，实际有两种含义，一是相对于其他语言表达方式，博物馆陈列本身就是一种特殊语言。二是指陈列中以实物为主。具体采用的各种艺术与技术手法。单纯的实物自然状态的陈列或展示，只是博物馆陈列语言的一种，而非全部[3]。严建强定义为"一种依靠展品排置的序列、情态及与其他必要的辅助材料配合而构成的视觉形象为媒介的传播手段或交

---

1. 苏联博物馆学科学研究所编，中国博物馆科学工作研究所筹备处编译：《苏联博物馆学基础》，文物出版社，1959年，第235页。

2. 文化部文物局教育处，南开大学历史系：《博物馆学参考资料（下册）》，1986年，第139页。

3. 张锴生：《略论博物馆陈列语言》，见河南省博物馆学会编：《博物馆学论丛（4）》，中川古籍出版社，1994年，第269—276页。

流方式"[1]。此外还有"博物馆的语言""陈列的艺术语言"等提法。目前普遍采用陈列语言这一提法。

2004年，有学者指出，陈列设计形式是陈列的语言，这种"语言"征逐渐被认为是一种复合传播媒体[2]。2006年，唐国尧以首都博物馆的《古都北京》为例，简明扼要指出"读图观展这一现代博物馆陈列语言之境界"[3]，此处的读图一语中的。2014年，姜涛、俄军认为"陈列语言就是一种依靠二维或三维物品排置的序列、情态及与其他必要的辅助材料配合而构成的以视觉形象为媒介的传播手段或交流方式。陈列语言可以赋予展品本身一种自行表达的能力。它是博物馆陈列特有的表达方式，也是博物馆教育最理想、最典型的形式"[4]。2015年，中华人民共和国国务院发布了《博物馆条例》。在《博物馆条例释义》中这样描述陈列语言："形式设计是对陈列大纲、陈列方案的再创作过程，是对主题、学科内容和展出空间的综合考虑，运用形象思维、运用艺术手段、通过博物馆的陈列语言来诠释。从抽象的主题思想、科学内容和文物展品转化为具有感染力说服力的系列直观形象，形成博物馆特有的陈列形象语言，这是一种表达方式的升华和飞跃。要力求形式和内容的统一，实现思想性、科学性和艺术性的高度和谐统一。"[5]

上述提法都使用了"语言"一词，容易使一些对现代语言学了解不够的人产生误解。在现代语言学看来，语言不光指书面语和口语这种自然语言，还包括体语、类语言及艺术等非自然语言，不能做狭隘的理解。关于艺术的语言，大致有直接的和譬喻的两种用法，前者指自然语言的艺术形式，文学即属此类，戏剧和声乐艺术也包含有自然语言成分；后者指不包含自然语言的艺术形式，我们常说的"绘画语言""音乐语言""舞蹈语言""电影语言""建筑语言"等均属此类。我们认为，

1. 严建强：《关于陈列语言的探讨》，见李淑萍：《博物馆学研究论文选》，西北大学出版社，1994年，第270—279页。原载《中国博物馆》，1993年第3期。
2. 陈开宇：《在虚拟空间漫步——浅谈三维技术在博物馆陈列中的运用》，见赵春贵主编，中国博物馆学会陈列艺术委员会编：《谛听陈列艺术脚步声 新世纪陈列艺术发展趋势》，湖南人民出版社，2004年，第266—269页。
3. 唐国尧：《古都北京——现代博物馆陈列语言的实践》，见首都博物馆编：《首都博物馆丛刊（Vol.19—20 2005—2006年首都博物馆新馆建设特辑）》，北京燕山出版社，2006年，第63—66页。
4. 姜涛、俄军编著：《博物馆学概论》，兰州大学出版社，2014年，第183页。
5. 国家文物局编著：《博物馆条例释义》，中国法制出版社，2015年，第121页。

陈列语言也属于这种不包含自然语言的表达方式，也是譬喻的说法。苏联美学家莫·卡冈说过："陈列艺术的语言是实物的语言，而不是它们的语言标志，但是物品在这里的聚集、对比和结构安排不是按照它们的纯技术联系和经济联系的逻辑——如在货物仓库或商店货架上所发生的情形那样，而是依照把技术或经济信息同形象表现联结起来、同思想—情感作用力联结起来的具有两面性的特殊逻辑。"[1]在一个符合陈列语言标准的展品组合中，词汇形式的符号不起决定作用，甚至可以省略。让观众减少甚至省去文字阅读过程，直接从图像性的展品组合来理解展品内涵或主题思想，这是陈列语言的特征所在。陈列语言研究的最终目的在于让展览从"让物自己说话（ objects speaking for themselves ）"到"使物说话"[2]。有的人撰文谈论文字说明在陈列语言中的地位和作用问题，这是作者对陈列语言一词存在误解。

　　总结其优点，至少有如下几条。

　　（1）符合陈列语言标准的展品组合充分发挥了非词语性符号的作用，许多原来认为是必不可少的文字叙述被替代了，陈列展览中的文字量减少，或者即便有文字说明也不必借助，这将节省观众花在文字阅读上的精力，使观众注意力更多地投向使人享受的图像信息消费。

　　（2）陈列语言使展品内涵得以形象表达，所必须借助的文字仅剩标题，而标题内容往往比具体的展品说明牌内容更抽象概括，势必专业术语更少出现，这就扩大了观众可能通过这条途径的层次范围，提高了陈列展览的通俗性和可读性。

　　（3）文字说明属直接陈述。而陈列语言则属间接暗喻，比较曲折和隐晦，它要调动观众自己对展品组合的联系和想象，这就给观众留下了"空白"。填补这种空白的过程是较费力和复杂的，并有一定难度。也许观众没有去联系和想象，但一旦联系和想象了，就会给观众一种回味的机会，调动并激发观众思考力，从而能加深对展品的理解和记忆。

　　（4）陈列语言使观众重温自己在生活中已经体验了的东西，从而重复巩固自己的体验，得到回忆的、确认的或审美的情趣与享受。

　　（5）陈列语言往往是在对科学的内容作艺术的表达，或是对艺术的内容做相关

---

1. ［苏］莫·卡冈：《现代外国文艺理论译丛——艺术形态学》，生活·读书·新知三联书店，1986 年，第 268 页。
2. Gaynor Kavanagh, *Museum Languages: Objects and Texts*. London: Leicester Press, 1991, pp.3–8.

知识的补充表达。就前者而言，它使本来是严肃的知识性学习变得轻松愉快，这恰好适应观众自愿性参观的特点；就后者而言，除了使观众得到艺术欣赏外，还可以从创作或制作过程的技术角度获得知识，使陈列展览信息更加丰富。

最后，我们也尝试着给陈列语言下一个定义。所谓陈列语言就是陈列设计师运用非言语性的展出材料或造型要素，根据复原性规则组合构建出具有传意功能的陈列片段的展示手法。目的在于使本不会说话的实物展品向观众"说话"，追求兼顾易读性和趣味性的、高质量的展览信息传播效果。陈列语言是对好的陈列表达手法的总结。

二、陈列语言的性质

陈列语言究竟属于什么性质的语言？我们可以通过陈列展览的符号学分析找出答案。

人与人之间在思想和情感上是不能直接沟通的，而必须经过人体感官可感的物理性符号中介；由博物馆工作者向观众传达特定信息的博物馆传播之所以能够进行，也是因为有符号作基础，即陈列展览中诉诸观众感官的各种要素。在符号层次上，我们可以把陈列展览中可能出现的符号分为言（词）语性和非言（词）语性的两大类，又分词汇、逻辑数理、社会手势、图像、音响等5种形式。详见表9-1。

表9-1　陈列展览的符号分类表

符号分类	形式分类	陈列展览要素的符号分类	
言（词）语性符号	词汇形式	书面语	文献展品、照片及复制（印）件、标题文字、前言、结语、分组说明、展品说明、导引手册、简介的文字部分、影视设备打出的字幕部分
		口　语	人工讲解、录音机讲解、语言音响资料、影视设备的旁白解说部分
非言（词）语性符号	逻辑数理形式	用阿拉伯数字或汉语数字编排的各种表格	
	社会手势	讲解员的表情和手势、操作演示者的行为动作	

（续表）

符号分类	形式分类	陈列展览要素的符号分类
非言（词）语性符号	图像	实物展品、照片、道具、光线、色彩、绘画、雕塑、示意图、模型、陈列设备等、简介的图版部分、影视设备的图像画面部分
	音响	背景配音、模拟音、影视设备的音乐部分

那么，在陈列传播中，这两大类符号（言语性和非言语性）的作用和地位如何呢？实物是博物馆陈列展览的物质基础。以非言语性的实物资料为主要教育传播手段，此乃博物馆有别于社会上其他教育传播机构的特色所在，而言语性解释仅仅处于辅助地位，这种关系不可颠倒。以历史陈列为例，鉴于以往陈列展览中过多使用言语性符号（主要指文字说明）的现象，我国博物馆学特别强调"历史陈列不是教科书，它不能单纯用文字来叙述历史，而是用历史文物和必要的辅助材料形象地反映历史"[1]。否则，博物馆就会失去自己的特色和优势，进而失去观众。

博物馆教育传播的目的，并非让观众停留在对实物展品的直观和表面形态的认识水平上，最终是要告诉观众一些隐藏在表面直观背后的抽象道理，但抽象的东西不易用具象的事物来表达。这种境况使陈列展览设计者往往想到利用文字这一最简便容易的途径。然而所谓运用言语性符号较为简便和容易，仅仅是从传播的一方（设计者）来看的。如果换一个角度，从受众的一方（观众）来看，情况就不同了，言语性符号在博物馆的具体条件下显出不少弱点。

（1）尽管观众普遍具备言语性符号的译码能力，但这种能力随人们文化水平的不同而在程度上存在着相当大的差异，尤其书面文字更是如此。在凭借文字说明揭示实物展品潜在含义（这是博物馆最常见的展出方式）的情形下，如果某些观众不认识说明牌上的文字（这极可能，因为常有陌生词汇出现），就等于切断了观众理解该展品的渠道，自然语言起不到辅助理解的作用，陈列设计者从书面文字中无法找到同时应付所有层次观众的途径。

（2）许多好心的陈列设计者生怕观众看不懂，往往用较多的文字描述或解释展

---

1. 文化部文物局主编：《中国博物馆学概论》，文物出版社，1985 年，第 125 页。

品。其实并不是好办法。现代是信息社会，但文字消费信息容易使人厌倦。书面文字是诉诸观众视觉的线性刺激物，图底关系差别仅仅是线性的，需要观众用较集中的精力注视它、分辨它，站立式的阅读又违背了人们日常阅读学习的习惯，时间稍长，很容易引起观众疲劳，影响参观效果。

（3）对观众来说，实物展品和文字说明两者间实际存在着争夺参观精力的可能性。过多地阅读文字，势必减少了对实物展品的关注，这与博物馆的本来目的是相矛盾的。苏联部分学者也有这种看法，认为"文字说明材料能够'分散'观众的注意力不集中于陈列品，并且阅读文字说明会代替了对博物馆藏品的观察"。[1]博物馆希望观众在走出展厅后脑子里能对实物展品留下印象，而不希望他们的记忆中仅仅是一段枯燥的文字。

（4）语言是静态的，实际却是动态的，致使文字中大量存在一词多义现象，容易产生误解。如先秦时期青铜器中的"盘"，在当时是与"匜"配套使用的盥洗器。时隔2 000多年，实际生活方式发生变化，现代日常生活中已不存在作为盥洗器使用的盘。而"盘"这个字却留传下来，在现代汉语中已不指盥洗器，现代人看到"盘"字，就会联想到饭桌上的餐具，从而可能导致对青铜盘功用的误解。

（5）实物展品加文字说明的方式，虽然给观众知识，但没有给观众想见事物的机会。也就是说，观众并不是完全被动的接受者，如果没有未定的成分，没有"空白"，观众就不能发挥想象。说明文字过多，会使陈列展览不那么含蓄蕴藉，而是直截了当，难以调动观众参观的积极情绪。

可见，言（词）语性符号在博物馆的具体条件下存在不少缺陷，以致陈列展览设计者不能对它有过多期待，要努力从非言（词）语性符号中寻找叙述功能的替代途径，这意味着陈列设计者不得不有限度地使用人类传播中最简便的自然语言媒体，转而采用制作难度较大的非自然语言媒体。对陈列展览工作者来说，这样做也许更加繁难，所花的精力和财力更多，但对观众来说，展览更形象化，可读性更高，效果会更好。

实践证明，至少在展览片段上是可以用非言（词）语性符号手段来替代文字说

---

1. 苏联博物馆学科学研究所编，中国博物馆科学工作研究所筹备处编译：《苏联博物馆学基础》，文物出版社，1959年，第235页。

明的叙述功能的。举个例子，在陈列展览设计中对一套青铜盘、匜可做这样处理：首先使两件展品在空间上接近，暗示出它们之间的关系，并按原来使用时的瞬间情形作出位置安排，"盘"是盛水用器，置于展柜台面；"匜"是浇水用器，用道具座架垫高。匜的流口正对盘内，再将一条白色纱的一头固定在匜内，另一头模拟流水状由匜的流口垂入盘内，背衬一张示意图，画一双手"奉匜沃灌"，再画一双手伸向盘匜间的水流中作洗手状，整个组合即算完成（见图9-1）。

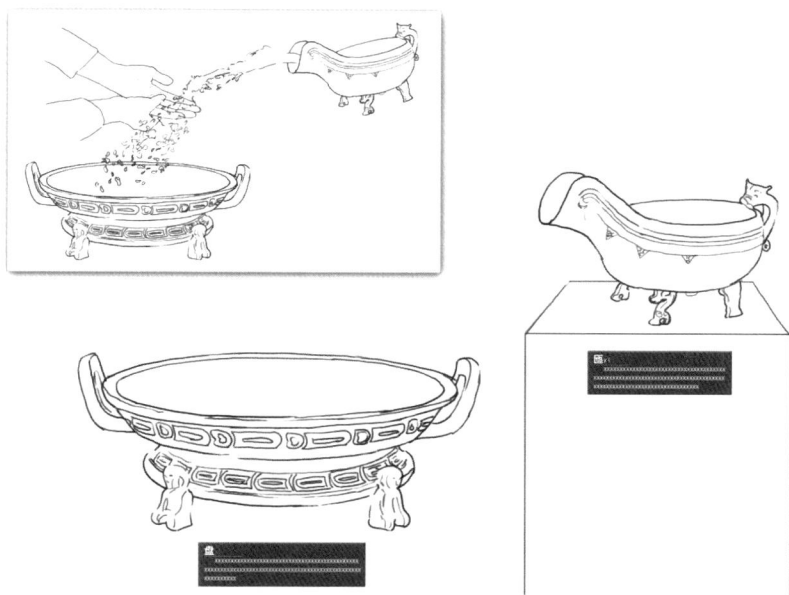

图9-1　盘匜组合展示示意图

我们本想把盘、匜的具体用途告诉观众，采用了实物展品与辅助材料组合的非座架语性表达方式（文字说明未标写功用），观众却能在头脑中懂得我们所意欲传达的意义。实物展品本身不会说话，但我们使它向观众说了话，类似于此的手法，国内博物馆学界称之为"陈列语言"。由此得出陈列语言的性质是非自然语言。

第二节

基于陈列语言的陈列方式评估

一、不好的陈列表达方式

对展品作传媒性或非传媒性的两类划分是很有意义的，显示出陈列工作者根据展品属性来确定加工方向的必要性。相对而言，物理性加工自有定量化的标准，并且加工者本身就能够感受到是否符合观众生理标准；而心理性加工则无法通过公式运算的方法求得，使得工作处理容易带有主观的盲目性和任意性，这也是博物馆学在社会教育职能领域所要研讨的重要问题。我们认为，陈列工作应该在"对谁说""说什么"以及"怎样说"这3种传播要素的相互关系处理上达到平衡统一，这甚至可以成为评估一个展览或一个片段性陈列组合方式成功或失败的标准。换言之，虽然陈列工作所直接面对的是"怎样说"的问题，并且实际存在着多种说法有待选择，但选用其中最佳说法的根据就在于"对谁说"和"说什么"，忽略其中任何一点所形成的评估结果都可能是不正确的。

举个例子，先秦时代青铜器中的"盘"，在当时是与"匜"配套使用的盥洗器，怎样陈列才好呢？首先要明确该陈列是准备提供给哪一类观众看的（亦即"对谁说"），假如是为配合一次学术研讨会而举办的专题展览，则目标观众都是些藏品及其相关学科的专家学者。接下来的问题是：对他们说些什么呢？那要估计哪些信息对他们来说是重要的，显然"器物名称""所属时代"及"器物来源"是应该列入附加条件内容的；另外，纹饰或铭文也是他们比较关心的内容，为便于观看，或许要附加纹饰或铭文拓片甚至其放大件；再者，器物的重量可能是辨别真伪的线索，或许要为他们附加提供这种信息；最后，同类器物的数量也可能有助于他们的专业思考，或许要尽其收藏量地展示出来等等。在明确了上述"对谁说"和"说什么"的问题之后，就可以确定陈列方式（怎样说）了。例如，可将器物名称、时代、来源内容标写在说明牌上，并置于展品附近供阅读；将纹饰或铭文拓片裱在小板上并陈挂于展品背后上方供观察；至于非视觉性的重量信息，用文字标写的方式难以满足，或许要为他们提供亲手掂量式的附加条件；而多件器物的排列方式可按年代先后或器物用途的分类加以排列。由此形成的陈列方式既有很简单的操作项目（如只要附加很简明的说明牌即可），也有较麻烦的操作项目（如馆方人员带着柜门钥匙随时为他们提供亲手掂量的条件）。但总体而言，该陈列方式是正确的，在上述传播三要素的相互关系处理上达到了平衡统一，结果可能是最大限度地满足了目标观众的需求。

假如是为一般观众举办的知识普及性陈列，则目标观众都是些藏品及其相关学科的外行人，作为展品的青铜盘和匜也许是观众平生第一次看到的东西。那么对他们说些什么呢？也要估计一下哪些信息对他们来说是重要的，显然，作为基本信息的"器物名称""所属时代"及"器物来源"是应该列入附加条件内容的，在这一点上与上述陈列方式同样。但在其他方面可就大不一样了，例如，把对器物功用的解释作为附加条件内容，这对普通观众来说十分必要，而对专家学者来说就显得多此一举；是否附加纹饰拓片或其放大件要根据主题需要决定；在专家看来是重要的器物重量信息不必列入附加条件内容，因为若不是后母戊大方鼎那样的青铜器，普通观众不会感到重量信息有什么意义；相同年代、用途、器形的器物不必尽其收藏量地加以展出，选其典型的一两件就够了，因为普通观众的眼光一般分辨不出同类器物彼此之间的细微差别有什么重要意义；有些展品的名称属于非常用汉字，需要附加读音解释，而对上述针对专家的陈列来说是不必要的等等。在明确了目标观众（对谁说）和欲传信息内容（说什么）的问题之后，也就为确定陈列方式（怎样说）找到了依据，我们会明显感觉到同一件展品在这种通俗型陈列中的处理方式与上述研究参考型陈列的方式应该有所不同，总体感觉是实物真品数量少，而辅助材料数量较多。

但现实中，名义上针对一般观众的通俗型陈列仍旧采取了研究参考型陈列的处理方式，这种现象也是相当普遍的，亦即"实物展品"加"标写名称、时代、来源这三要素的文字说明牌"的处理方式似乎成了一种标准做法。那么，这种陈列方式会有什么问题呢？仍以青铜盘为例，当观众看到这件展品时，自然会把馆方提供的三要素说明牌作为解释依据，而说明牌又是怎样解释的呢？它可以告诉观众"这是某地点出土的某时代青铜盘"，那么观众再按"盘"的字面含义（也就是根据标准的现代汉语辞书意义）去理解该器物的用途，得出"餐用器皿"的结论，即使参照器形也不会感到这种推断有什么不妥。显然，这样的认识结论是错误的。其实，馆方提供的这张仅仅标写了器名"盘"的说明牌对旁边的实物青铜盘并没有解释作用，如果把实物盘作为符号的能指，那么其所指应该是"与匜配套使用的盥洗器"，而说明牌并没有标写功用意义，一个"盘"字仍然属于符号的能指，只不过符号形式是言语性的罢了。尽管馆方提供的仅仅是两种能指，其中并未含有所指的成分，但观众却根据自己的认知习惯把实物与文字看作能指与所指的关系，再根据"盘"字的现代意义做出了"餐用器皿"的错误推断。由此看来，要想使普通观众理解青铜盘的用途含义，就必须在"说法"中包含所指成分，否则就会使陈列实际处于非解释状态，甚至处于诱导观众做出错误解释的状态。这里举的青铜盘例可谓汉语一字多义现象导致错误理解的结局，其实器形本身也会导致观众的错误理解。这里不妨再举一个真实的例子，我们曾经对一件古代越族文化的典型器物——三段式筒形青铜尊做了实物加三要素文字说明牌式的"标准处理"，实物尊本身是酒器，"尊"字本身现已不作为日常生活中的器物概念来使用，我们提供给观众的仍然是两种能指，却期待观众能从中理解"酒器"这一所指，当观众看到实际上只说明了它叫什么的文字"尊"时，虽然不会误解成其他用途概念，但仍旧不知其所指，于是很自然地把实物器形作为解释线索，与自己经验中的类似器形作对比，终而导致尊就是"高脚痰盂"的错误结论。由此可见，对可能导致观众理解错误的陈列要素（无论实物或文字）处理得不细致、不到位，就有理由评估为"不好的陈列"或"失败的陈列"。

二、一般的陈列表达方式

从上述分析来看，似乎只要在能指要素中加入所指成分就可避免"失败"的结局。例如可以在青铜盘的三要素说明牌中再加入一个"功用"要素，亦即在"盘"字旁用括号形式填入"盥洗器"三字，这样的陈列方式又该如何评价呢？从理论上可以认为，在这种条件下再有观众把青铜盘理解为餐用器皿，那就只能怪观众没有认真看说明，而馆方是没有责任的。但这实际上意味着把观众理解的通道限制在了文字上，且不说文字形式的信息消费多么令人厌倦和疲劳，一旦用文字媒体就势必要求观众具备一定的文字阅读能力，就"盥洗器"三字中的"盥"字而言，相对生僻，意味着年龄幼小的学童以及识字不多的观众即便看到了"盥洗器"三字而仍旧不解其意，还是有可能重新按认识的"盘"的字面意义做出餐用器皿的错误推断。由此看来，这仍是一种带有不解或误解功用所指可能性的展品组合方式。

　　另外，即便这样的展品组合方式对许多观众来说不存在看不懂或误解的问题，但要说普通观众很喜欢看这种陈列，那可就言过其实了。对陈列来说，看得懂也许是看得愉快的前提条件，但两者并不完全相等。单纯依靠文字说明来保障陈列的可理解，在馆方来说是很容易做到的，例如，在三要素说明基础上再加入一个功用之类的所指要素。实际上很多馆的陈列都能做到这一步，却仍旧不能赢得观众青睐，由此看来我们还要对这个问题再作更深层的思考。我们认为重新审视普通观众的心理期待问题是很有必要的，因为以往把观众需要仅仅定位在"知识学习"这一理性范围之内，从而在陈列手法上过于依赖理性色彩强烈的书面文字来传情达意，这种做法，并不能完全对应普通人对闲暇时间活动方式的心理期待。闲暇活动的本质是对日常谋生性劳动的横向补充和调节，相当看重情感性的愉快成分，其地位并非注定要次于理性的功利成分。所以，对博物馆陈列方式的要求就不能仅限于保障观众正确认知的目的，还应该追求认知过程本身能够使人产生愉快的那些成分。实物加文字说明的陈列方式终究属于"科学语言"式的表达，容易令人想起学校课堂那种实属谋生行为的气氛和情景，观众面对的不正是一本实物教科书吗？！所谓"科学语言"就是那样的功利，删除了背景和"噪声"，从手段到目的之间的过程越短越好，因而越直白越好，这对科学研究或纯粹的教育机构而言也许是合适的，但对博物馆这种人们在闲暇时间内才会光顾的非强制性教育机构来说就不完全合适了。博物馆针对普通观众的陈列方式应该采用"艺术语言"式的表达，虽然目的一样，但认知过程本身被令人愉快地加长了。其特点是"语形"带有新奇感，至少不会令人想起精神压抑的书本教育，语形同语义的连接关系不那么直截了当，往往首先给观众提出了一个问题而不是结果答案，从而造成观众精神上的"紧张"，自会本能地作一番欲加理解的主观努力，一旦达到理解所指的目的，就会在精神上产生"松弛"，这一紧一松就会造成精神的愉快和乐趣。

由此可见，上述只顾理解的目的性而缺乏过程的娱乐性的陈列方式，最多给予"一般性""不好不坏""平淡无奇"一类的评价。现实工作中因一时不慎而做出"不好的陈列"毕竟罕见，而由于长期以来片面理解博物馆教育功能对设计思想造成很大的束缚和禁锢，做出"一般的陈列"还是相当普遍的，甚至成为一种标准化的工作方式。随着观众与博物馆关系的日益疏远，进入市场时代后感觉到了效益压力越来越重，社会上其他闲暇活动日益丰富多彩造成的竞争，博物馆再也不能满足于"一般的陈列"，而应努力追求"好的陈列表达方式"。

三、好的陈列表达方式

还是要重申那句话，展览的所谓好坏与否，是相对而言的，上述实物加文字说明牌的陈列方式对专家学者来说没什么不好的，但对普通观众来说就是不好的、一般化的。实际上博物馆针对专家学者举办专题展览的机会并不多，即使有这机会也不会感到陈列工作有太复杂的问题，真正困扰博物馆陈列工作的难题在于：怎样才能设计制作出普通观众喜闻乐见的陈列展览。要想制作出普通观众能够理解的陈列展览并不难，但要想制作出普通观众喜欢看的陈列展览，那可就比较困难了。评价一个陈列展览成败与否，可用相对观众量来衡量，但其中可能包含选题、展品、馆址地利、广告宣传力度等非陈列工作因素；而一个好的陈列展览总是由若干高质量的小单元或片段组成的，评价一个片段性的陈列组合是否算得上"好的陈列表达方式"，可用观众相对停留时间量来衡量。

所谓"相对"，系指要排除展品本身因素，只看陈列手法在其中所起的作用。既然已多次列举了青铜盘的处理方式，为便于比较式地说明问题，在此仍以它为例。我们曾在一个针对普通观众的陈列中做了这样的处理：实物有两件，一件是青铜盘，另一件是与其配套使用的青铜匜。首先使两件实物展品在空间上接近，暗示它们之间存在某种关系，并按原来使用时的瞬间情形做出位置安排："盘"是盛水用器，置于橱面；"匜"是浇水用器，用道具座架垫高。匜的流口正对盘面上方而略作倾倒状，再将一条白色乔其纱的一端固定在匜内，另一头模拟流水状由匜的流口垂入盘内。背衬一张示意图，画一双手"奉匜沃灌"，再画一双手伸向盘匜之间的水流中作洗手状，整个组合即算完成。我们本想把青铜盘和匜的具体用途和用法告诉普通观众，采用了实物展品与辅助材料组合为主的非词语性表达方式（三要素文字说明牌中没有标写功用所指），结果证明（观众调查）的确能从非专业观众头脑中引出我们所意欲传达的意义；并且从观众行为观察可以发现，观众在该展品组合面前停留时间较长，而对其他一般处理手法的展品仍走马观花般地一扫而过。由此可见，实物展品本身不会说话，但我们使它向观众说了话，而且观众喜欢"听"我们所"说"的这段"视觉语言"，较长的驻足观看时间就说明了这一点。从而可以说，面对如此的观众和如此的展品，我们采取了一种"好的陈列表达方式"。类似于此的陈列手法或技巧，就是"陈列语言"。

要素分类与组合结构

语言学家费尔迪南·德·索绪尔（Ferdinand de Saussure）提出了"语言（langue）"和"言语（parole）"（两词均为法语）的区别。他认为语言是一个整体，是由符号表示的规则系统。而言语则是具体的说话行为，是说话者对语言的使用和形成的结果，是个人的意志和智能的行为。语言是一种符号系统，符号由"能指"和"所指"两部分组成，能指是符号的物质形式，而所指是能指所指代的概念。从符号学来看，陈列展览明显就是一个"语言"系统，而且是一个复杂的系统，它将各种各样的物品、标签文本、图形、诸如展柜之类的硬件和灯光之类的媒介等融合在了一个特定的对象里[1]。之所以说这个系统复杂，是因为博物馆的叙事由三个部分构成，物件、空间和人，缺一不可。这些物品和文字图形资料就是言语，通过一定的组合，形成一个语言系统，即陈列展览，自己说出它们的故事。这些物品本身就是能指，它们都蕴含着丰富的信息，代表着某种概念，博物馆展览人员的任务就是挖掘出物品的所指，并将其展示给观众。简单来说，言语就是陈列语言的组成要素，这些要素通过一定的组合方式，形成陈列语言。

一、要素分类

在陈列语言这一术语（或类似术语）出现以前，国内外博物馆陈列工作者对此已有一个较长的实践过程，为我们提供了较丰富的分析研究实例。从实例材料看，陈列语言的组成要素，几乎包含了可能出现在陈列展览中发挥传播意义功能的所有非自然语言性的东西，归纳起来，至少有以下几类。

---

1. Susan M. Pearce, *Archaeological Curatorship*. London and New York: Leicester University Press, 1990, pp.146.

1. 实物资料（藏品）

博物馆展厅属于一种信息传播的场所，在传播过程中为传达信息而用以指代某种意义的中介，就是"符号"。某件物品是否属于符号，主要看它是否有意义。例如，发现了一件石板，没有什么意义或无可解释，它就还不是符号或还不包含符号，这里至多是存在一种符号的媒介关联物。如果人们了解了这一媒介涉及什么以及它可以如何解释，那么它才成为一个完整的符号。符号学认为，凡是人类所承认的"有意义"的事物均成为符号。博物馆之所以要收藏实物，正是因为它们具有各自的意义，并期待它们作为传播媒介来发挥作用的。一件物品，只要揉进了传播的意图，它就不再是单纯的"物"，而成为承担了意义的"符号"。据此，可以把实物展品看作符号。博物馆工作者之所以要收集并展示某件物品，并不是为了自己的实际使用，也不是为了标榜财物的富有，而是因为它凝聚着某些抽象的意义，对我们人类具有一定的教育传播作用。广大观众也是为了获取意义以增长知识才来到博物馆参观的，这在本质上就如同人们想要了解某些知识就去阅读相关书籍一样，似乎没有什么不可思议的。但实际上，符号形式的不同，意味着在作为意义分享基础的理解代码、利用者态度、表达方式等一系列传播要素方面具有很大差异，仅仅知道或承认实物展品可以作为符号来理解，还不足以解决我们面临的实际问题。

实物资料在符合陈列语言的展品组合中，往往是起主导作用的要素。陈列语言大多采取实物资料和辅助材料组合的方式，也可通过两件以上的实物资料在空间位置上的安排，来表达某种特定含义（见图9-2 ～图9-6）。

图9-2　河姆渡遗址博物馆展示的带三脚支架的陶釜
（黄洋 摄）

图9-3 河姆渡遗址博物馆展示的陶灶、陶釜、陶甑组合
（黄洋 摄）

图9-4 西安半坡博物馆展示的器盖、陶甑、夹砂陶罐组合
（黄洋 摄）

图9-5 西安半坡博物馆展示的磨盘、磨棒组合
（黄洋 摄）

图9-6　英国V&A博物馆用餐具生动复原餐饮场景
（黄洋 摄）

2. 背景图片

作为辅助材料，一般以背衬形式与实物资料组合展出，为主展品提供背景信息（见图9-7、图9-8）。

图9-7　澳门博物馆展示的路牌及地图背景
（黄洋 摄）

图9-8　英国利物浦海事博物馆
海捞瓷与其背景照片的组合
（黄洋 摄）

3. 绘画艺术作品

艺术工作者以博物馆藏品为素材创作的绘画艺术作品，本来只具有单一的艺术功能。它本身具有较高的艺术价值，而且往往首先在绘画展览或美术刊物这些场合发表。然而一旦放在博物馆里与作为素材的藏品组合展出，就使绘画艺术作品带有复合功能的性质，因为它在这里除原来的审美效用外，还具有教育和信息功用。

如江苏省镇江博物馆曾发掘了一座唐代银器窖藏，其中出土有大量各种式样和用途的宴饮器皿。艺术工作者根据这些实物资料创做了一幅题为《唐人饮宴图》的国画，并首先在其他绘画展览中发表。后来当该馆举办"银黄溢彩——馆藏古代金银器精品展"时，又将这幅画借来，作为宴饮器皿展品组的背衬，各种器皿的用途（有些已经失传）都被形象地表现出来，每件展品的小说明牌上并没有标写器物功用，但观众却借助绘画达到了理解，可以说，图像性的绘画起到对实物展品的图解作用，部分地取代了文字的叙述功能（见图9-9）。

英国利物浦国际奴隶博物馆（International Slavery Museum）为了让观众清晰深入地了解运送奴隶的悲惨，展出了运送奴隶船只的解剖模型，让观众看到船舱内部，背后的绘画展现了船只扬帆起航的情景（见图9-10）。

重庆中国三峡博物馆"历代钱币厅"中为展示法币的购买力，在实物展示背板上绘制了一幅图画，说明100元法币在1937年买两头牛，1938年买一头牛，1941年买一头猪，1943年买一只鸡，1945年买一条鱼，1946年买一个鸡蛋，1947年买三分之一盒

图9-9 镇江博物馆展出的《唐人饮宴图》与器物组合
（黄洋 摄）

图9-10 利物浦国际奴隶博物馆展出的运送奴隶船只的解剖模型与绘画
（黄洋 摄）

图9-11　重庆中国三峡博物馆"历代钱币厅"中的法币购买力绘画
（黄洋 摄）

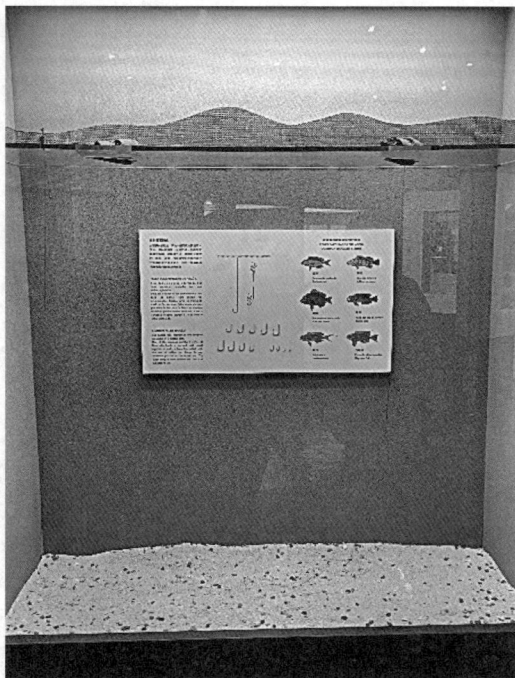

图9-12　澳门海事博物馆的鱼钩造型图解
（黄洋 摄）

火柴，到1948年仅能买3粒米，可见法币贬值的严重（见图9-11）。

4. 图解

与上述绘画艺术作品不同，图解属于艺术工作者专为实物展出而绘制的作品，其首要的和基本的功能就在于教育和信息传播，而艺术含义和审美效用则不被强调。或者说，它不像绘画艺术作品那样本身具有较高的艺术欣赏价值，它的发表场所就是实物资料的陈列展览。与其说它具有审美价值，不如说它更具有对展品的示意解说价值（见图9-12～图9-16）。

图9-13　英国卡迪夫国家博物馆的马饰件展示图解
（黄洋 摄）

图9-14　英国科尔切斯特城堡博物馆（Colchester Castle Museum）展出的工具都配有使用说明的图解
（黄洋 摄）

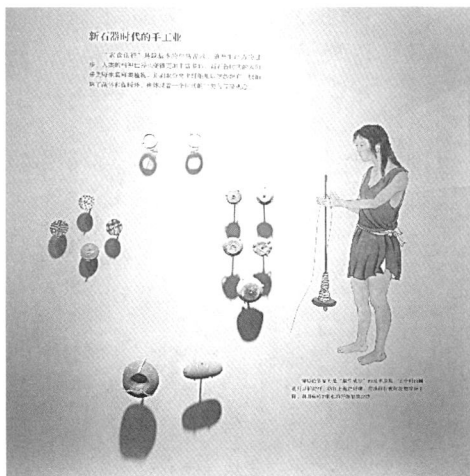

图9-15　福建博物院"福建文明之光"展示的纺轮使用示意图解
（黄洋 摄）

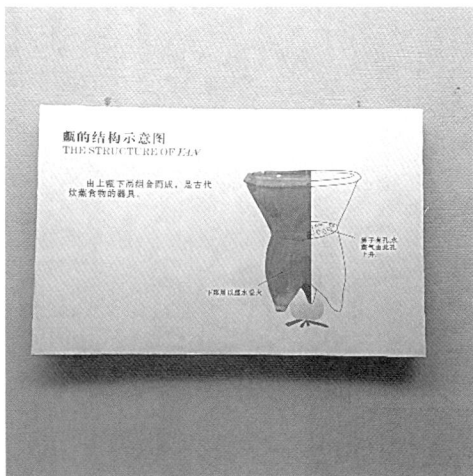

图9-16　山西博物院"文明摇篮"展览中陶甗的结构图解
（黄洋 摄）

5. 道具

通过道具的辅助作用来表达实物展品的内涵意义，是博物馆陈列展览中普遍采用的方法。在某种程度上可以把道具看作是示意图的立体化，两者功能类似，但由于道具是立体的，因而表现力更强（见图9-17 ～图9-24）。

图9-17　澳门博物馆的传统
冶铁所用双动活塞式风箱
（黄洋 摄）

图9-18　英国卡迪夫国家博物馆采用道具展示饰品
（黄洋 摄）

图9-19　英国格拉斯哥凯文葛罗夫美术博物馆展
示鸟类标本而制作的树干道具
（黄洋 摄）

图9-20　英国牛津大学自然史博物馆展示鸟类标本而制作的树枝道具（黄洋 摄）

图9-21　英国莱斯特新沃克博物馆（New Walk Museum）用铁丝制作的展示鱼类标本的道具（黄洋 摄）

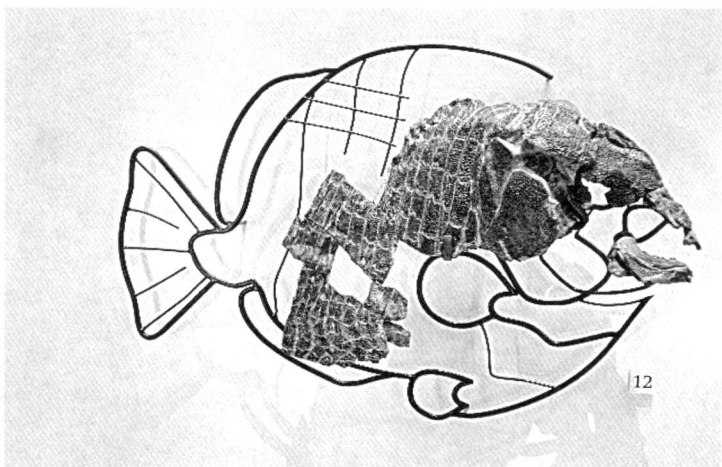

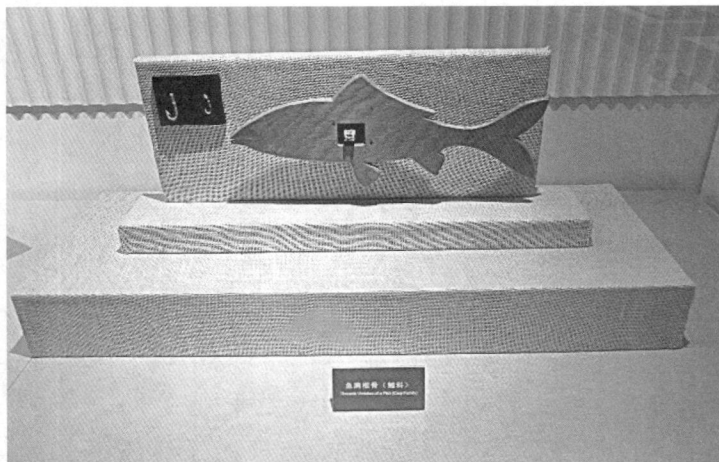

图9-22　西安半坡博物馆用木板制作的展示鱼胸椎骨的道具
（黄洋 摄）

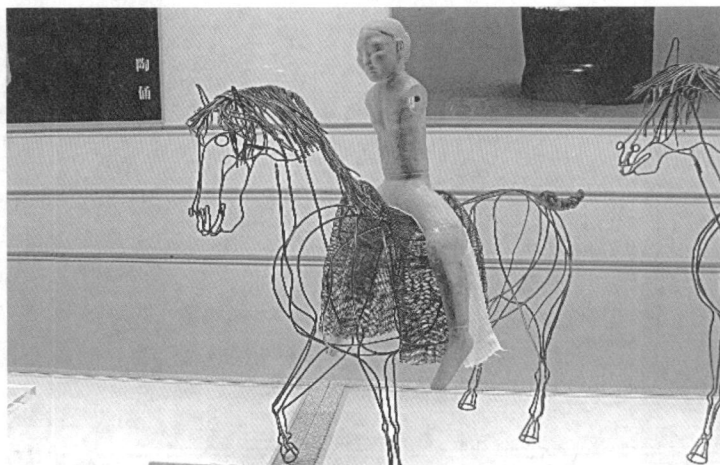

图9-23　常州博物馆"微笑彩俑"展中的骑马俑道具
（黄洋 摄）

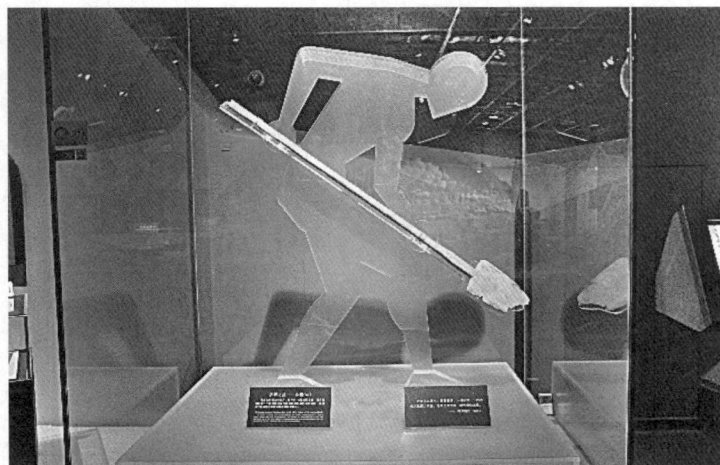

图9-24　成都金沙遗址博物馆展示木耜时的人形道具
（黄洋 摄）

6. 模型

这是根据实物、设计图或设想，按比例、生态或其他特征制成的同实物相似的物体，制作比例有原大的、放大的及缩小的。其主要优点是能把人们无法窥视的宏观场景浓缩为一个可视全貌的景观，或把人们无法用肉眼看清的微观事物扩大为一个可视内部结构的景观，原大的模型可起道具作用。模型是替代物，观众看到的不是实物本身，必须经由类比过程才能达到对实物本身的理解。模型是比较理想的陈列语言要素（见图9-25～图9-30）。

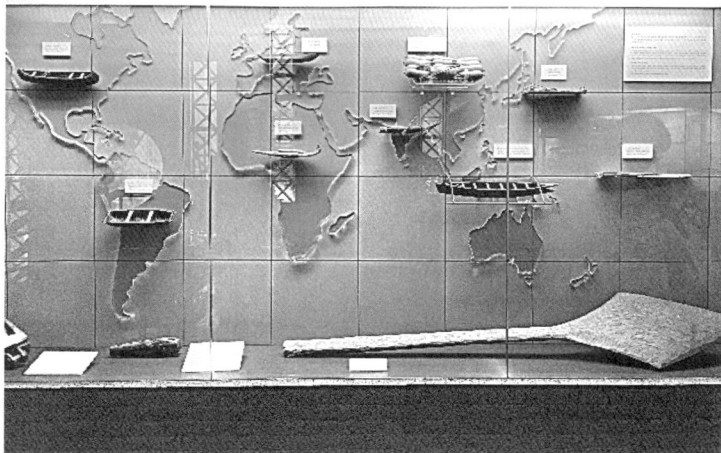

图9-25　澳门海事博物馆的世界各地船的模型
（黄洋 摄）

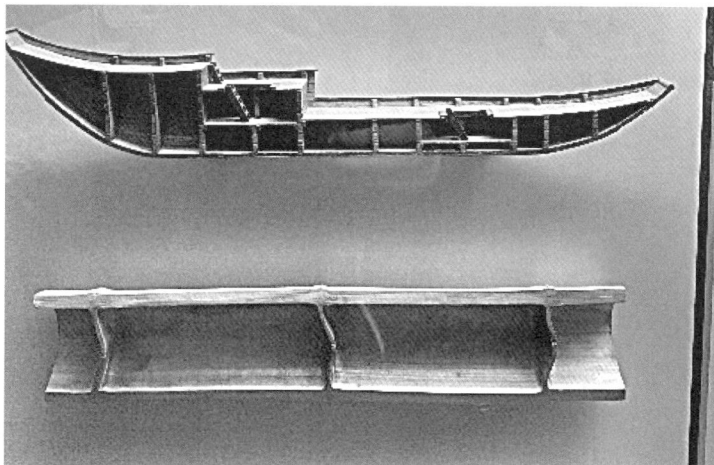

图9-26　澳门海事博物馆的船的水密隔舱剖面模型
（黄洋 摄）

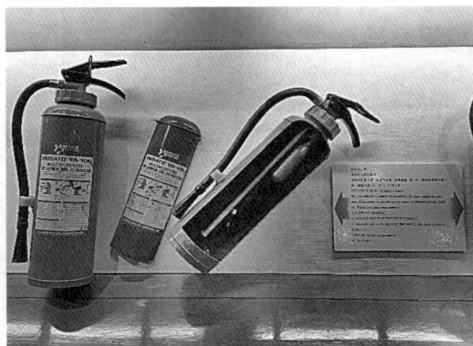

图9-27　澳门消防博物馆展出的灭火器解剖模型
（黄洋 摄）

图9-28　福建博物院"福建文明之光"展示六朝
墓室结构透视模型
（黄洋 摄）

图9-29　中国革命军事博物馆展出的
地道战剖面模型
（黄洋 摄）

图9-30　连云港市博物馆展出的简牍
制作过程微缩场景
（黄洋 摄）

7. 灯具照明

在博物馆陈列展览中使用照明，一般是为了让观众能清晰地、不费力地观看展品，但也可以利用光的特性来渲染陈列环境气氛。当把灯具照明作为陈列语言要素来利用时，其主要功能并不在于增加展品观看的清晰度，而是把它当作一种本身具有传意功能的视觉媒介物来利用的。或者说，取其象征作用，而非取其一般实用意义（见图9-31 ~图9-33）。

图9-31　美国自然历史博物馆鲸标本背后的流动光点形成游动的视错觉
（采自网络）

图9-32　日本广岛县立博物馆"草户千轩"展用间接照明营造初夏傍晚时分

图9-33　广东省博物馆用灯光营造海洋效果
（黄洋 摄）

8. 色彩

在陈列展览中使用色彩，一般是出于烘托展品或美观的考虑。但从陈列语言角度利用色彩，则主要起传意作用。所以，选用什么颜色，并非任意的，也不单纯从形式美观来考虑，而是由展品内容所规定的。色彩的感情价值包括客观的、生理的、联想的以及心理的感觉等4项内容。色彩作为陈列语言要素时，主要是借助其联想功能（见图9-34）。

图9-34　英国德比博物馆和艺术馆（Derby Museum and Art Gallery）的天文星宿展采用蓝色色调
（黄洋 摄）

9. 多媒体设备

这类设备都可作为独立项目开展活动，作为陈列语言要素时，是指编入展线的情形，以较短时间向观众介绍展品的相关知识。作为陈列语言要素，是按照陈列性质和主题要求选择音视频内容。这是渲染陈列气氛的好办法，能为观众创造一种时代感或投入感，一般适用于专题展览或主题段落（见图9-35～图9-39）。

图9-35　澳门博物馆展示的街头叫卖声
（黄洋 摄）

图9-36　上海消防博物馆用不同年代的报警电话做接警电话录音的音频播放器
（黄洋 摄）

图9-37 苏州中国昆曲博物馆的花窗样式的多媒体播放屏
（黄洋 摄）

图9-38 中国烟草博物馆的烟斗形多媒体屏
（黄洋 摄）

图9-39 三星堆遗址博物馆罗家包汉墓模型里的多媒体
（黄洋 摄）

10. 陈列展柜

其主要功能在于保护展品，但从陈列语言角度设计并使用橱柜，是要使它同时发挥展品保护和传递信息这双重功能。

美国芝加哥菲尔德自然史博物馆，曾于1980年7月举办了"中国古代青铜器展览"。其中展出陕西临潼秦始皇陵出土的6件陶俑和2件陶马，设计师事先知道，中国秦俑坑出土的陶俑和陶马有7 000件之多，如何在陈列中表现古代中国军队列阵的浩荡气势，这是设计师所刻意追求的。该馆在陈列中用了两只相连的直径为4米的八角形大玻璃柜，各个玻璃面用"透明镜子"构成。透明镜子有一种特性，如果从暗面通过镜子看亮面的物品，则十分清晰；从亮面看暗面，则什么都看不见，只能看到亮面物品本身的映像，设计师利用这一特性，使陶俑和陶马在陈列柜内产生镜面反射，就像儿童玩具的万花筒，相互反射的映像是无穷无尽的，角度亦是各不相同，于是看上去就不只是6件陶俑2匹马，造成了千军万马的气势（见图9-40）。

图9-40　美国芝加哥菲尔德自然史博物馆1980年展出中国秦俑时的特殊展柜（费钦生先生 摄）

11. 人工操作演示、真人表演

凡是涉及人工制作的或人所使用过的实物展品，如果在展出时由人工进行制作或使用的实际操作演示，或在现场重新诠释演绎展品，那是再生动不过的了。人的行为动作也是传递信息的重要手段，传播学称之为"体语"（见图9-41、图9-42）。

图9-41　英国莎士比亚出生地的表演展示
（黄洋 摄）

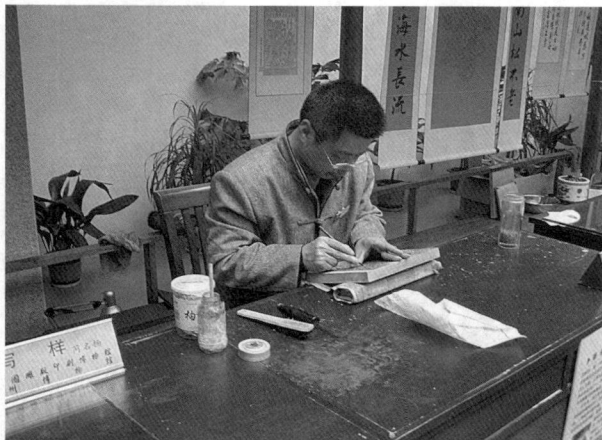

图9-42　扬州中国雕版印刷博物馆
的雕刻书版操作演示
（陈红京 摄）

二、组合结构

陈列语言是可以被观众解读的，这说明在解读背后存在着一种相当于语法的规则性的东西，这种规则将各种要素有序地组织起来。换言之，正因为陈列设计者是在自觉或不自觉地运用一些观众能够理解的规则来组织成陈列语言，所以它才能为观众所解读。虽然我们至今对这种规则的理论探讨还很不够，但这并不意味着它不存在。我们应该努力去寻找这种规则，以便更好地把握陈列语言的创作规律。

正如陈列语言一词中的"语言"是譬喻性的说法一样，此所谓"语法"也是譬喻性的，它实际上指的就是展品组合规则。我们知道，一段自然语言性的口语或文字，如果仅仅是词汇的任意排列，那么，即使不出现陌生词汇，这段语言也不能为别人所解读。要使别人读通一段话，就必须用人们原来就能理解的语法规则将词汇串联成句子。陈列语言也是如此，要素固然重要，但仅有要素知识还不够，因为在符合陈列语言标准的展品组合中，并不是要素的任意堆砌和排列，而是根据要素的内在逻辑要求串联排列起来的。这种内在逻辑要求，就是展品的组合规则。它制约着展品的排列次序、空间距离及位置关系。

静止的展品组合与走动中的观众之间形成一个观看的时间差，先看什么，后看什么，这种次序安排只有与展览脚本的叙述顺序相对应，才能使观众在走动中通顺地阅读。尤其那些不能同时纳入观众定点视野的长段组合，必须严格遵循因果链或程序链的顺序，否则就会令人费解。

距离是时空的间隙，不是可以拿在手中摆弄的东西。在符合陈列语言标准的展品组合中，展品之间的空间距离本身也必须遵循一定规则，主要是相似性规则。例如，青铜盘匜组合要求表达出"盥洗器"这一功能内涵，则盘匜两者上下之间就要留出一双手的空间距离，或者说，组合造成的距离应与实际使用时的距离相似。如果两者靠得过紧，就容易使观众分别把匜和盘理解为汲水器皿和储水器皿。可见，距离本身就具有传意功能，不同的距离会表现出不同的意义。所以，陈列设计者在组合展品时，必须按相似性原理给出一定的空间距离.以保证引起观众正确的联想。此外，展品摆放的空间位置，如上下、前后、左右、偏正等结构问题也可按此类推。

英国伦敦博物馆（Museum of London）展出的士兵装备，用一张大幅图片，把文物小件布置在其该在的位置，不用解释，观众对文物的装配使用方式一目了然（见图9-43）。其他示例如图9-44～图9-50所示。

图9-43　伦敦博物馆的士兵装备展示
（黄洋 摄）

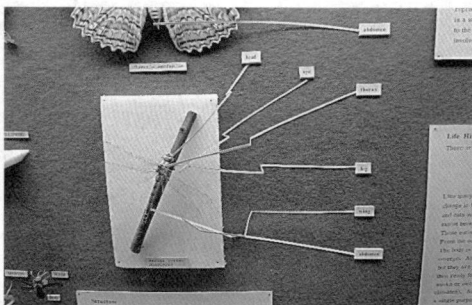

图9-44　英国布莱顿布思自然历史博物馆（Booth Museum of Natural History）的动物标本展示
（黄洋 摄）

图9-45　英国科尔切斯特城堡博物馆的展品组合
（黄洋 摄）

图9-46　英国科尔切斯特东青树博物馆（Hollytrees Museum）将观众作为展示的一部分
（黄洋 摄）

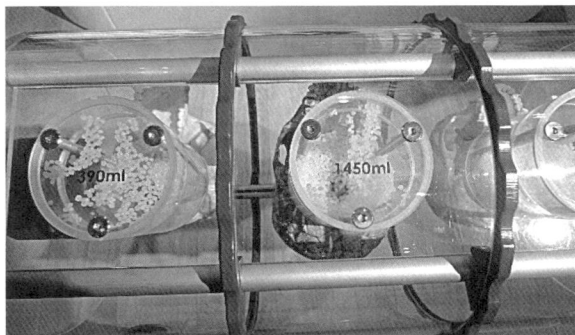

图9-47　英国莱斯特新沃克博物馆展示
人类进化的骨架、头盖骨、脑容量组合
（黄洋 摄）

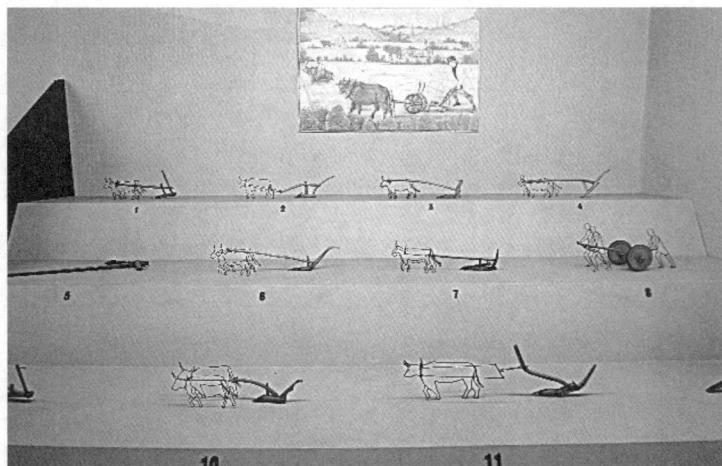

图9-48 伦敦科学博物馆展示动物拉犁的不同方式
（黄洋 摄）

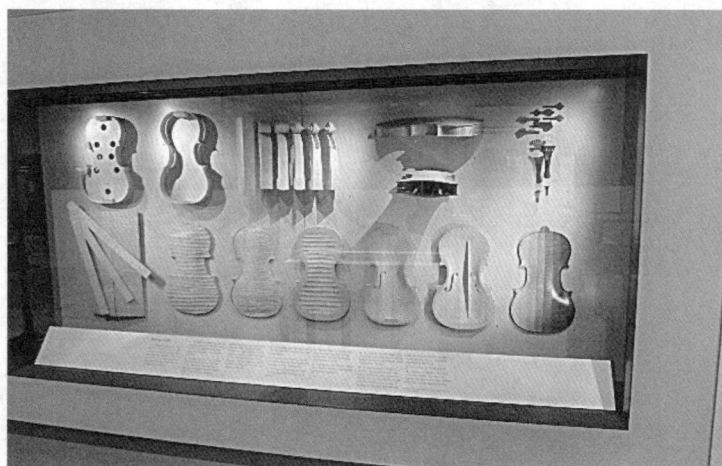

图9-49 英国阿什莫林博物馆通过一组展品展示小提琴的制作
（黄洋 摄）

图9-50 澳门海事博物馆展示生蚝5年间的生长过程
（黄洋 摄）

第四节

解读过程与运用原则

　　博物馆是为公众服务的公共文化机构，然而与观众时空相隔甚远的文物如何让观众产生共鸣，博物馆的陈列展览与今天生活的相关（relevance）就显得非常重要。陈列语言就是帮助观众用简单的、通俗易懂的方式解读展览，不再让观众认为陈列展览深不可测，不能理解。

一、解读过程

　　心理学中的联想学说最有助于分析陈列语言，联想是感知或回忆某一事物，连带想起其他有关事物的心理过程。陈列语言就是要诱导观众通过联想的联想来完成解读过程的。联想学说中的相似律原则尤其值得注意，相似的情景容易形成联想。如果陈列设计者有意识地使器物组合所表现的观念或情景相似于观众经验中普遍存在的观念或情景，就能普遍引起观众联想。为提高陈列展览质量、陈列设计者应该具备较强的"陈列语言意识"。所谓陈列语言意识，就是陈列设计者善于把自己所处理的展览材料，按照观众最有可能经历过的生活情景做相似性的组合，诱导观众凭借经验联想来理解展品的潜在价值或展览的主题思想（见图9-51）。

　　与展品加文字说明牌的一般展览片段相比，符合陈列语言标准的展览片段只完成了揭示展品含义目的的一部分，另一部分要通过观众的经验联想加以完成；陈列语言的方法是展览的一种"空白化设计"，这种设计没有采用词语性符号把展品联系起来，而是靠展览材料的组合和展品意义与观众已有经验同一性来布置成陈列品组。从某种角度说，这是给观众造成形式的困难的设计，是一种增加感觉难度与长度的设计，因为博物馆不能只强调告诉观众什么内容，参观过程本身也极为重要，参观过程的质量直接影响参观效果，所以要设法延长观众对展品的实际注视

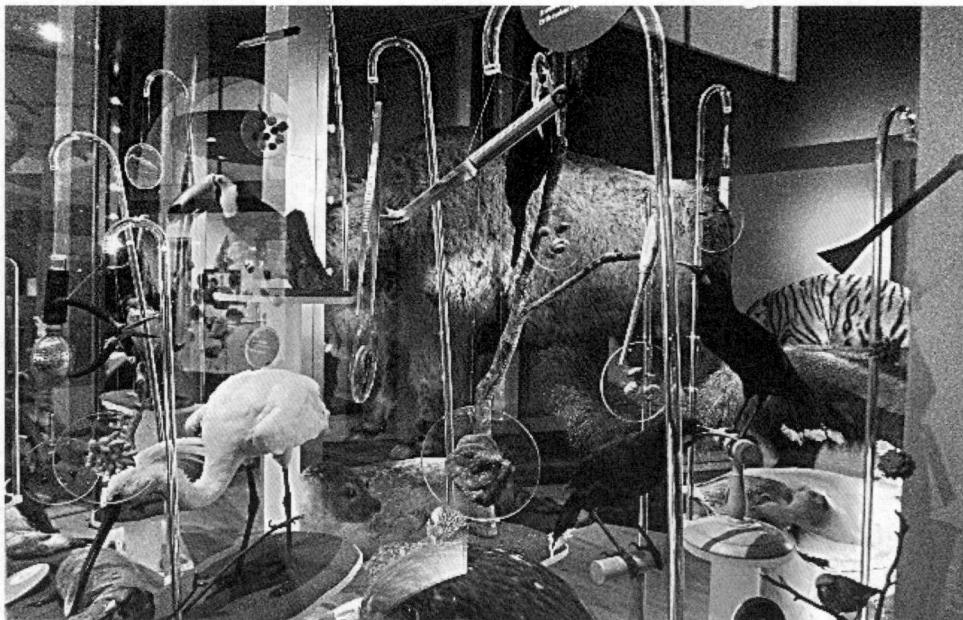

图9-51　英国利兹城市博物馆将动物的喙与今天的工具对比展示
（黄洋 摄）

过程。

　　陈列语言所构建的系统既是传递信息的手段，又是目的，这是陈列语言与一般陈列片段的根本不同点。在一般陈列片段中，文字只是交流的工具，意义一经传达，文字系统就不起作用了。而陈列语言就好比编制一种谜语，欣赏这个特殊片段，则是把隐藏着的信息译解出来，而猜谜的乐趣也正在这种揭破和发现中。在此意义上，陈列语言的确是一种"语言游戏"。

二、运用原则

　　由上述解读过程分析可以看出，观众已有的先验知识经验如何，决定着是否能够与陈列设计者分享语言所表达的意义。传播学认为，每个人都有自己独特的生命空间，致使不同个人的经历（包括生活经历和心理经历）不可能完全重叠，有这种经历差异，就会对同一事物产生不同看法。

　　博物馆与学校的重要区别之一，在于接受者文化层次极为广泛，这使博物馆的传播问题相对来说复杂化了。博物馆没有在文化层次上选择观众的权力，而只能设法适应这种局面。虽然在文字上无法找到同时能对应多层次观众的途径，但好在陈列设计者与观众各自的生命空间中还有一个比文字更有可能重叠的方面，即日常生活经历，给双方分享意义提供了更宽泛的基础，陈列语言就是刻意从生活经历方面开辟理解途径的。陈列设计者在使展品组合形式相似于日常生活中哪种情景的选择上，应尽量选择那些最普遍、最常见、最有可能属于观众生命空间内容的情景，这样才能从层次范围最广的观众头脑中引出陈列设计者意欲传达的意义，这是运用的原则。

第五节

规律性地归纳与总结

在对陈列语言的概念、要素、结构及解读等问题进行分析之后，本节拟对陈列语言的规律性进行归纳和总结。

一、陈列语言注重展览信息传递的质量

文物有3个基本属性，即历史性、科学性、艺术性。因此，物的展示具有多维度的意义可能。而藏品潜在的多维意义内涵，使得藏品面向观众的意义敞开也存在多种可能性，也就是说，藏品在展览中可能架起多维的意义桥梁，或通向多维的目标人群。如一块水晶在地质博物馆的展柜里，则可能着重传播其科学价值；但这块水晶在艺术博物馆的展柜里，就释放出其艺术价值；而在一座历史博物馆里，它可能呈现出某个历史时期的社会文化形态，也就是呈现出一种历史文化价值。要想同时传递多种内含意义，也许文字或口语解说更能胜任。陈列语言没有那种功能，它往往只能传递其中部分的含义。这就有个选择角度问题，一般应根据展览性质、主题，有时还要根据观众的情况来确定所要传播信息的方面，不应有所偏离。同一件展品，放在民俗学展览中，就要选其民俗学意义施以陈列语言手段；放在工艺品展览中，就要选其工艺意义施以陈列语言手段。如果是为专家学者举办的专题研究性的展览，则以强调科学性的分类展出形式更为适宜，用陈列语言表达用途含义反而多此一举。在加拿大历史博物馆里，依照严格的人类学、民族学展示理念而陈列的印第安土著生活用品，在美国大都会博物馆里却是被置于艺术博物馆的语境下呈现出来的，两种不同的展示理念对于同一类型的藏品所敞开的意义途径截然相异。所以，我们并非不分时间场合地提倡所有陈列展览都必须使用陈列语言，而是要根据展览性质、主题和服务对象有选择地加以实施。

二、陈列语言应不妨碍整体的形式美

在一个展览中过多地使用陈列语言手法，意味着会有大量辅助手段出现，在造型的风格、色彩等方面难以统一，这会给观众以凌乱的不适感，破坏展厅形式的整体美，虽然陈列语言有运用于每件展品的可能，但也不能无限制地滥用，这就产生一个程度把握的问题。对那些只需少量的、小件的辅助手段即可达到形象叙述效果的展品，即使较多地采用也无伤大雅。而对那些需要较多的、体积较大的辅助手段才能达到形象叙述效果的展品，则只宜选择其中重点的、典型的部分施以陈列语言手法，造成展览适当的高低起伏，不仅无害，反而有益。

三、陈列语言并不受限于人财物力

尽管陈列语言的最终表现实施是物质与技术的形式，但它毕竟是人的设计意图指导下的产物。只有把陈列语言作为陈列展览设计的一种思考方式，从观念上把握组织规律，才能创造性地运用陈列语言。实际上，好的陈列语言案例并非只能在人才济济、财力充足、设备优良的大馆展览中看到，倒是在一些很小的展览中不乏成功的实例。所以，尽管有利的条件给运用陈列语言提供了更多的可能，但问题不单在于物质条件方面，设计者采用怎样的思考方式，从意图上怎样设定表达形式，也是十分重要的。陈列语言不是大馆的专利，而是一种具有普遍意义的手法。对于中小型博物馆而言，正是由于没有大量的人力、物力、财力去为观众提供讲解等服务，所以更理想的状态是观众不需要依靠其他手段自己就能看懂展览，这其实要求中小型博物馆更应该重视陈列语言的使用。

四、陈列语言对于不同类型的展览意义不同

相对来说，信息定位型展览离不开陈列语言，而实物定位型展览中陈列语言的作用则稍微弱化。而且陈列语言对于科技主题展览与美术类展览而言也有所不同，原因在于科技类展品的功能有所转化。科技类展品本来都是自然的或实用的东西，

或者说，它们不是为了给人们观看才来到这个世界上的，其外观形式与内涵功能或意义之间没有必然联系，因而外观不能直接传达内涵，当它们作为展品放在博物馆展出时，其功能就从原来的自然物或人们实用的东西转化为传递知识的媒介物，这时，它们在传播上的缺陷就显露出来了，从而需要辅助手段来帮助观众认识和理解内含意义。文字说明、语音讲解以及陈列语言手法等都是在这种情形下起到积极作用的。而美术作品则与之不同，它们生来就是供人观看的，是当作传递信息的媒介物来生产的。陈设在私人家里与放到博物馆展出，只是场所和观赏者范围变化了，而美术品的功能并没有变化。美术家在生产美术作品时就要考虑到在外观形式与内含意义之间为观看者留下理解的通道，作品内涵的主题思想可以直接从外观上传达出来。因此，美术展览更强调良好的观赏条件，在美术展览中运用陈列语言手法，一般是就展品的相关知识作补充表达，目的不在于表达作品本身的主题思想。

五、陈列语言是展品的情景化复原

无论自然物或人工物，一旦被收藏入博物馆，并放在展厅里，就失去了它们原来所在的、能说明其意义的自然或社会生活环境背景。换言之，博物馆展览是建立在收集工作基础上的，而收集是一种分离行为，其结果是将作为某结构要素部分的实物从原结构中分离出来，这足以导致给观众的认识和理解造成困难。"一台机器一旦离开它的正常处所而被陈列在一座无论从样子和气味都不像工厂或车间那样的建筑物中，它就变成一种死的人工制品。博物馆剥制的标本老虎就是博物馆的标本老虎，不是真老虎。一部有各种彩饰的抄本圣书一旦从它所在的寺庙移走，就失去了它的大部分意义。"[1]

物体脱离了原来的背景环境，被"去脉络化（decontextualise）"之后，也就"死了（dead）"；但是如果能够将物体"再脉络化（recontextualise）"，将其放回到

---

1. ［英］肯尼斯·赫德森著，王殿明等译：《八十年代的博物馆——世界趋势综览》，紫禁城出版社，1986年，第15页。

原来的背景环境中去，那么他们就会变得"鲜活（alive）"[1]。"展示中的"物能够自己说话的时代已经一去不复返了，靠文化背景或其他有教育性的信息辅助能够让观众易于理解[2]。陈列语言的手法，实际上是在努力从不同程度上复原展品的环境背景，以弥补这不可避免的不幸。为这些主展品附加背景材料，目的在于给观众的视觉理解提供联想的条件和线索，以增加信息量，或是为观众造成一种"投入感"，以调动参观兴趣。

六、陈列语言要选用相似手段科学组合

陈列语言可看作一种复原手法。但这种复原往往不是用真实材料，而是用象征材料进行的。如盘匜组合实例中没有真实的水，而是用白色的纱来象征水；一个古船展品并没有放在真实的水中，而是用蓝绿色衬布来象征水波。这些象征性材料往往具备真实背景材料的局部的，但又是典型的视觉特征，它们足以使观众想象到完整的事物，从而产生出主展品与真实背景最交融的幻觉，从而对观众有暗示和启发作用，主要是因为它本身或它所造成的视觉效果与所要表现的事物有相似之处。而且科学的组合使本来属中性意义的单件展览材料传达出带有某种倾向性的特定含义。

总之，博物馆陈列展览主要是传播知识信息，它区别于学校、影视、广播及印刷读物的关键，在于它以实物为主要传播媒介。如果说实物加词语性解说的知识传播方式也见于其他机构（如学校课堂里的实物教学），那么，单凭实物组合的方式系统传播某类知识，就属于博物馆所特有的了。可以说，陈列语言最大限度地体现了博物馆以实物传播为主的特性。陈列设计者运用这种手法，把自己先得的、存在于自己头脑中的抽象性概念、情感和美感转换成观众可以直接感知的展品组合的形式，目的在于把自己头脑中的东西通过形象直观的途径送到观众头脑中。符合陈列

---

1. Sandra Dudley, Introduction: Museums and Things, In Sandra Dudley, Amy Jane Barnes, Jennifer Binnie, Julia Petrov, Jennifer Walklate, eds., *The Thing about Museums: Objects and Experience, Representation and Contestation.* London and New York: Routledge, 2012, pp.1–11.

2. Peter Ucko, Foreword, In Paulette M. McManus, ed., *Archaeological Displays and the Public: Museology and Interpretation.* London: Dorset Press, 1996, pp.ix–xi.

语言标准的特殊展品组合本身被赋予了叙述功能，与实物加文字说明的一般展览方式相比，它是采用暗示、含蓄、间接的方法对观众的认知结构产生影响的。

就学科本身而言，陈列语言把一种为博物馆普遍采用的、复杂而又特殊的陈列工作方法，抽象成一个概念，使可能十分散漫的陈列工作规律的讨论在这一概念上得以聚焦；对陈列语言规律的深入探讨和推广，有助于使更多的从业人员从以往无意识地创造向有意识地创造的境界过渡。所以，陈列语言研究在博物馆学研究方面具有重要的现实意义。

第十讲

博物馆展示新理念

第一节

从"幕后"到"台前"

对于博物馆而言，库房与展厅有着严格的区别。库房是幕后，以收藏藏品为主；而展厅是台前，以展示展品为主。但随着博物馆的发展与变化，两者的界限逐渐模糊。一些博物馆也逐渐开放库房，让库房从幕后到台前。

关于博物馆开放库房的定义，台湾学者陈怡萱曾做过界定："开放式典藏，意指将典藏空间／方式开放并展现在世人面前，因此除了原本的收藏功能外，也包含有展示功能。"[1]美国建筑师约翰·希博利（John D. Hilberry）曾针对开放库房的英文 visible storage 释义，提出 visible 所隐含的两个概念：第一个是展示许多文物并提供其详尽的信息。第二个是这些藏品不仅要可被看见，还要使它们是可理解，而且可引起学习刺激的[2]。开放博物馆库房，是指博物馆向公众开放储存文物藏品的空间，提供一种特殊的学习环境，给予公众实地接触博物馆藏品的机会，同时兼具博物馆藏品收藏、研究、教育三大功能。开放库房，英文称之为 visible storage 或 open storage，一为名词性，颇具"可视型存放"的意味，一为动词性，更强调打开库房的行动。由此也可见开放库房方式的差异。开放库房，主要是指针对研究人员或专题爱好者设置的，藏品以保管状态展示的密集陈列。在这样的库房中，馆方既有合适的场地条件，也有对文物藏品信息开放的主观愿望。一方面可以在不影响文物藏品保管的前提下，为观众提供解读博物馆日常工作的可能，另一方面为需要大量信息的研究人员或爱好者提供比一般展厅陈列密集得多的相关物证信息。

---

1. 陈怡萱：《参加开放式典藏库文物维护工作坊学员之学习经验》，《科技博物》，2012 年 16 期，第 171—198 页。

2. 陈怡萱：《参加开放式典藏库文物维护工作坊学员之学习经验》，《科技博物》，2012 年 16 期，第 171—198 页。

开放库房的做法在博物馆一直都有，但主要针对专业研究人员，藏品以库房保管状态开架展示给研究人员。专业研究人员进入库房也是层层审批，并非易事。而将博物馆藏品库房开放给普通公众有两个原因：一是对于普通公众而言，博物馆的库房好似禁地，其幕后工作充满神秘，令人无限遐想。绝大多数公众对博物馆工作的印象是"一杯茶、一支烟、一张报纸过一天"，觉得库房保管员就是看门人，只要管好钥匙便万事大吉。其实，博物馆库房保管员的幕后工作非常烦琐，检查藏品、监测环境、入库上架、调用出库等，具有很强的技术性。二是博物馆的绝大多数文物都是"藏在深闺人未识"。博物馆的展厅面积毕竟有限，在展厅中展出的文物数量占馆藏的比例非常小，绝大多数文物在库房难与观众见面。如何提高库房的藏品利用率成为需要关注的问题。

因此，博物馆需要打破束缚，开放库房，让保存藏品的库房变身为"仓库展厅"。这样不仅让更多的藏品与观众见面，还能让观众对博物馆人的工作有更深入的了解。

一、库房的原始状态直接开放展示

顾名思义，就是博物馆敞开库房大门，观众可以直接进入库房参观浩瀚的藏品，这种方式也分为两种情况，一是针对特定人群或举办特定活动的非常态化开放，二是常态化开放库房。

1. 非常态化开放库房

博物馆会针对行业内专业人士或其他特定人群开放库房参观。伦敦科学博物馆推出博物馆库房之旅[1]，根据观众研究结果，确定参观主题，在博物馆专家陪同下，参观库房，选取主题藏品加以诠释，在直接开放库房观众学习的主题效果不明显情况下，另辟蹊径，加深了学习体验。将博物馆展览诠释的理论应用到博物馆开放库房中，得到了很好的观众反馈。劳顿科学博物馆则在馆内设置大型藏品库，科学有

---

1. Lucinda G. Caesar, *Store Tours: Accessing Museum's Stored Collections.* Papers from the Institute of Archaeology S1, 2007.

效地安排馆内库房空间，而非一味追求对库房建筑面积的扩展。将大型藏品和小型藏品在保证文物安全的情况下分库安排存放，不仅是对现有存放空间的有效科学利用，在视觉效果上对观众来说也是一种别样的体验[1]。

也有博物馆在特定节日举办主题教育活动，通过开放库房的形式吸引公众，同时揭开库房的神秘面纱，拉近博物馆与公众的距离。2014年的"国际博物馆日"，南京博物院的库房"心脏"80年来首次展现在公众面前，百余名网络预约的公众参观金属器库房、书画库房、扫描室、消毒熏蒸室、摄像室等，让公众了解库房中文物保护工作的全貌，知道文物保存在什么样的环境里面，博物馆人是怎么对待文物的，收到了很好的效果。2014年6月8日，广西民族博物馆首次开放库房，以家庭为单位，组织了15个家庭近距离接触了库房藏品，并且了解到了文物在展出之前，修复、储藏等复杂的程序[2]。

2. 常态化开放库房

西方的很多博物馆定期开放库房，取得很好成效。成立藏品中心是国外大型博物馆采用的开放库房方式之一。藏品中心将大量藏品集中到一个较为开阔的公共空间，较一般博物馆库房拥有更大的空间，往往给予观众更好的参观互动体验，在一定程度上拥有更好的公众参与度和更高的藏品利用率。异地藏品中心，与博物馆本部有一定的空间距离，作为博物馆在另一区域内的库房。选取异地设立藏品中心，一般是出于多种考虑。博物馆一般位于人流较多的市区，便于参观，然而市区的土地空间十分有限，有时在一块集中的区域难以承受博物馆展览活动之外大量藏品的收藏，也难以保证藏品所要求的严苛的保护环境。将博物馆库房设在异地，则能在一定程度上解决上述问题，与此同时，在不同于本馆文化辐射区域，通过异地库房的开设，又一次扩大了博物馆的文化辐射范围，增强了文化影响，让更多的公众接触到博物馆。英国伯明翰博物馆和美术馆（Birmingham Museum and Art Gallery）的藏品中心（Collection Centre）是其异地库房，位于伯明翰市郊，每月的第四个周五是公众开放日，观众可以通过电话或网络的方式预约参观库房。参观日时，博

---

1. Javier Pes, The move towards open storage. *Museum Association*, 2002(19), pp.50–52.
2. 广西综艺频道微信公众号：《架起桥梁弘扬民族文化　广西民族博物馆库房开放》。

物馆工作人员带领观众参观大型机器设备，老爷车，还有小件品库房，动植物标本景观箱排列规整，纺织服装井然有序（见图10-1～图10-3）。结束之后，让观众动手参与使用不同的材料与方法包装一个鸡蛋，然后工作人员站在梯子上将包装好的鸡蛋从高处抛落，让观众看哪种材料与方法包装的鸡蛋是完好无损的，最后库房工作人员会展示伯明翰博物馆和美术馆藏品打包所使用的材料与方法（见图10-4）。通过这样的参观流程，观众对伯明翰博物馆和美术馆的藏品保管的硬件设施条件与管理工作流程有了全面的认识，对博物馆也会有更深的印象和好感。

图10-1　英国伯明翰博物馆和美术馆藏品中心的大件藏品库房
（黄洋 摄）

图10-2　英国伯明翰博物馆和美术馆藏品中心的汽车库房
（黄洋 摄）

图10-3 英国伯明翰博物馆和美术馆藏品中心的动植物标本景观箱
（黄洋 摄）

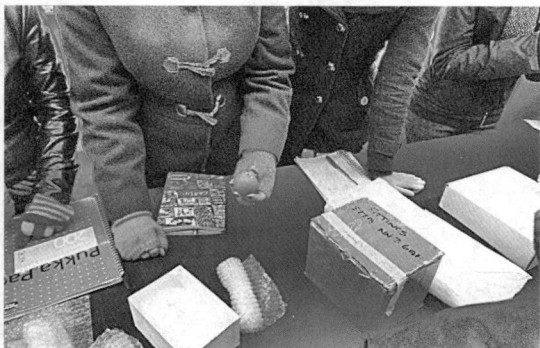

图10-4 英国伯明翰博物馆和美术馆藏品中心工作人员展示藏品包装方式
（黄洋 摄）

目前，中国的博物馆也开始尝试长期开放库房，拉近公众与库房藏品的距离，如2018年故宫博物院家具馆经3年筹备后正式开放，这是故宫博物院继陶瓷馆、书画馆等专馆之后，开设的又一大专题展馆。家具馆一期、二期所在的南大库，曾是紫禁城最大的库房。如今故宫首创"仓储式"陈列，南大库既是仓库也是展厅[1]。

---

1. 《故宫南大库"变身"家具馆 "仓储式"陈列明清宫廷家具》，https://culture.china.com/expo/11171063/20180920/33962789.html

二、库房的半开放状态展示

相对于原始状态的完全开放，半开放状态的库房观众只能看到一部分，而且不是原汁原味，为了开放，经过了一定的改造。曼彻斯特除了足球闻名世界，其还是英国的棉纺织业中心，是个著名的工业城市。曼彻斯特科学和工业博物馆（Manchester Museum of Science and Industry）有4个库房，为了让观众看到库房的状态，博物馆将库房1和小件品库房作为藏品中心（Collection Centre）向公众开放。小件品保管柜中，徽章、硬币等有序地收藏展示在藏品柜中。库房中还开辟了"动手区域"（Handling Area），藏品放置于塑料的盒子内供观众自己动手拿出来观看（见图10-5～图10-7）。

图10-5　曼彻斯特科学和工业博物馆开放展示的藏品中心（黄洋 摄）

图10-6　曼彻斯特科学和工业博物馆开放展示的小件品柜子（黄洋 摄）

图10-7　曼彻斯特科学和工业
博物馆藏品中心的动手区域
（黄洋 摄）

三、库房的微缩版展示

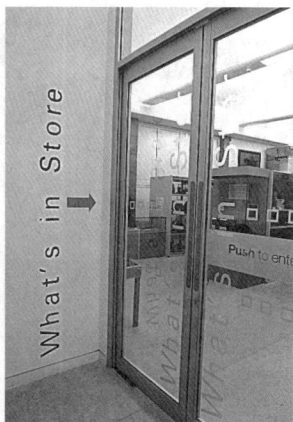

　　英国考文垂（Coventry）的赫伯特博物馆（Herbert Art Gallery & Museum）中有一个展示空间是"库房里有什么？"（What's in store?）。该空间可以说是一个微缩版的库房，观众可以在这里看到Herbert Museum的所有类型的藏品，有油画、钟表、动植物标本、服装等，每类文物根据藏品的特性采用不同的保管柜架和管理方式。博物馆以小见大，通过这个小空间的展示，让观众一窥库房全貌（见图10-8）。

图10-8　英国考文垂赫伯特博物馆的"What's in store?"展示空间
（黄洋 摄）

第二节

库房式展示

采用库房式展示的原因主要有两点：一是博物馆藏品数量多，而展厅空间有限，通过这种方式能尽可能多地展出藏品。西方的一些博物馆，如大英博物馆，由于英国早期在世界各地进行资本掠夺和殖民统治，大量的人类文化瑰宝聚集于此，现代所有者希望将尽可能多的珍贵藏品展现在世人眼前，因此出现了密集型陈列，可以说这是"炫富"的表现。维多利亚与阿尔伯特博物馆（Victoria & Albert Museum）的139室瓷器展厅，由于藏品数量太多，只能通过密集型陈列的方式展出，这既是陶瓷展厅，也是陶瓷库房，还可以看到博物馆工作人员在整理藏品（见图10-9）。二是专业研究者为了科学研究的目的参观博物馆，他们希望看到更多的文物标本，获得更丰富的一手资料，因此一些大学博物馆或专题博物馆，在展厅中也经常采用密集陈列的方式，满足专业人员的需要。

西方博物馆采用这样的展示方式较多，如英国巴斯（Bath）的时装博物馆（Fashion Museum），专门举办了"幕后"（Behind the Scenes at the Fashion Museum: The Historic Collection）展览（见图10-10），在展览的入口处写道："你即将进入的是时装博物馆的历史时装库房。这个展厅通过博物馆精选收藏的世界级藏品，讲述了19世纪时装的故事。这个展览能让你看到我们博物馆的库房内部。（You are now about to enter to the Fashion Museum's historic dress stores. This gallery features a specially edited selection of the museum's world-class collection, telling the story of 19th century fashion. The display gives you an insider's view of our museum stores.）。"该展厅刻意模糊了传统博物馆中展厅展品和库房藏品之间的概念，将19世纪的时装每10年作为一个阶段，通过一个橱窗的形式展示，观众仿佛通过若干个商店的橱窗浏览了19世纪的时装，该展厅实际上也是博物馆的库房，各类时装以库房保管的形式展出，观众还可以看到有库房工作人员在现场工作。

图10-9　英国V&A博物馆陶瓷展厅的库房式展示
（黄洋 摄）

图10-10 英国巴斯时装博物馆的"幕后"展览（黄洋 摄）

如今中国很多博物馆为了盘活库房文物，让更多的文物由幕后走到台前与观众见面，也开始尝试采用库房式展示的方式。南京博物院的"江苏古代文明"展厅在每一个历史时期展览结束后都设置一个"文物标本室"，共有5个，每一竖列代表一个出土地点或是一个考古文化遗址，从上到下有近10米高，分为若干层展台，展出数百件文物（见图10-11）。文物爱好者参观主展厅的同时，在标本室仔细观察，甚至专业院校的老师可以在这里给学生上一堂生动的文物鉴赏课。再如宁波天一阁博物馆的北书库，既具有藏书库房的功能，又是一个大展柜，观众可以透过玻璃，看到一排排整齐的书籍，感受古籍浩如烟海的同时，了解古籍保护、保

管、研究、修复、展示的一系列过程，从而对古代藏书楼的藏书文化有深入的体会。

图10-11　南京博物院"江苏古代文明"展厅的文物标本室
（黄洋 摄）

第三节

对比与融合

近几年，采用对比思维进行策展日益增多。博物馆在一个展示空间中，通过对同一时间的不同地域文明，古代与今天，现在与未来等不同时间、空间的文物的对比，让观众从不同视角参观展览。文物在对比中更加生动有趣，内涵更加丰富，策展理念在对比中更加鲜活起来。

澳门博物馆的一个展厅从文字、哲学思想、宗教、科技等方面左右两侧对比中西的差异，让观众通过对比对后续展出的澳门多元文化有所铺垫（见图10-12）。

图10-12 澳门博物馆中西方
文化对比展示
（黄洋 摄）

2016年11月28日至12月12日，由中国民族博物馆、北方民族大学共同主办的"传统@现代——民族服饰旧裳新尚"展在北方民族大学美术馆开幕。2018年2月7日至3月4日，该展览在中华世纪坛展出，这是全国巡展的第一站。展览名称中的"@"表示链接与定位，表达展览用"传统"互联"现代"、用"现代"点击"传统"的历史穿越，"传统"与"现代"这对看似对立的概念在当代生活中复杂牵连与交错。博物馆不再只是陈列展示空间，也不仅是传播知识的非正式教育机构，更需要重新定位为思辨、对话的平台，甚至去引导、转变大众的思考方式，因此保持与当代社会的相关性成为当下博物馆展览应该涉及的方面。

2016年8月9日至2017年1月9日，南京博物馆举办了"法老·王——古埃及文明和中国汉代文明"展览，其内容和形式都是以两种文明对比的方式呈现，展出的文物从数量、规格、空间布局到文化内涵，基本都是左右对称放置。通过不朽、生活、权力、生灵四个部分逐一对比，让观众感受到文化间的异同。

2016年9月6日至2016年11月16日，西汉南越王博物馆举办"中山王与南越王——河北汉代文物展"，以满城汉墓、定州三盘山汉墓、定州八角廊汉墓、定州北庄汉墓出土文物为主，囊括其他中山国时期的精美器物，通过"青铜""玉""陶"三个部分，在历经两千多年后，将一南一北同属汉代诸侯国的中山国与南越国的文化进行对比，演奏出大汉王朝的盛世绝唱。

融合也是博物馆展览的一个趋向。博物馆展览不再是传统的历史展览或艺术展览，在一个空间，各种文化元素有机融合在一起，博物馆或成为一个万花筒，文化多元性在这里充分呈现。

英国格拉斯哥凯文葛罗夫美术博物馆（Kelvingrove Art Gallery and Museum）的大厅就是各种元素的融合，自然与艺术相结合，古典艺术与现当代艺术相融合，头顶有飞机，地上有大象、狮子、长颈鹿的标本，还有当代艺术装置（见图10-13）。

图10-13　英国格拉斯哥凯文葛罗夫美术博物馆的大厅
（黄洋 摄）

第四节

参与式展览

　　参与式博物馆（participatory museum）是美国博物馆学者妮娜·西蒙（Nina Simon）近年新提出来的一个概念，指博物馆是一个观众能够围绕内容进行创作、分享并与他人沟通交流的场所。从博物馆学学科发展历程来看，参与（participation）是博物馆学发展史上继博物馆行业确立、新博物馆学（new museology）后的第三次革命；从博物馆的外部社会环境来看，参与式博物馆是西方国家社区参与传统、公民社会（civil society）浪潮与互联网所带动的参与式文化（participatory culture）相互作用的趋势之一。

　　2012年5月20日至9月9日，英国杰弗瑞博物馆（Geffrye Museum）配合"伦敦2012艺术节和文化奥林匹克"（London 2012 Festival and Cultural Olympiad）举办了"来自世界各地的故事"（Stories of the World: London and At Home with the World）展览。此次展览进行组织性变革（organizational change），设立青年顾问（young consultants），青少年通过兼职学术研究实习、社区推广大使、顾问、志愿者等方式，不仅参与策展，还参与诠释、设计、导览、市场推广等，可以说是全方位参与（见图10-14）。2010年12月至2012年3月，青年顾问每3个月见一次博物

图10-14　英国杰弗瑞博物馆青年顾问正在检验展览的设计（采自网络https://www.geffrye-museum.org.uk/whatson/events/youth-events/youth-archive/）

馆的策展人和设计师，讨论展览的主题和选择展品。他们一起确定脚本、内容和图板，确保展览反映并包含年轻人的研究和他们创造性的诠释。青年顾问们也和设计师见面，确保他们的观点被听取并付诸实施。最终的结果是，青年顾问帮助一起完成了整个展览。青年顾问发表感言说，展览触摸屏交互设计师在设计和内容方面都会咨询我们，我也学会了如何建立网站的导航，理解了交互和制作网站是非常有用的通用技能，看到最终的产品在展览中被观众使用实在是太兴奋了。青少年还制作短片（film-making），研究藏品背后隐含且复杂的国际性联系和影响（如唯美主义和新古典主义），同时通过影片反映出来。馆方尽可能为他们提供指导、支持，提供接触馆藏展品的机会，创造他们的"博物馆归属感"。通过学习调研、文案撰写、技术制作等，参与者们将剪辑完成最终影片。

英国科尔切斯特城堡博物馆（Colchester Castle Museum）实行"青少年协同策展"。来自英国埃塞克斯郡（Essex）吉伯德中学（Gilbert）的10位中学生在南京博物院亲手挑选出10件珍贵文物，参加2012年伦敦奥林匹克运动会及奥林匹亚文化节"来自世界各地的故事"文化交流项目，并在科尔切斯特城堡博物馆展出（见图10-15）。2015年10月30日，南京博物院的"乔治王时代：1714—1830年的英国社会"开展，本次展览的80多件展品中包括5名江苏学生在埃塞克斯郡挑选的文物（见图10-16）。南京市第一中学高二AP班学生曹佳玥挑选了一件文物，她说："在最开始科尔切斯特城堡博物馆给我们的备选清单上精挑细选，我挑选了几件看上去很让我感兴趣的物件。而在我抵达英方博物馆后，之前我选的一面镜子便吸引了我的眼球。近距离的欣赏让我对每一件文物都有了新的认识，为了让我们更好地观察我们心仪的物件，英方博物馆馆长让我在没有玻璃保护的情况下与这些文物'相处'，此时的我快步来到那面有人像在上面的镜子面前，画上的英国女人年轻貌美、满满的贵族气质深深地吸引了我，而当我了解这是一位中国画家在四百多年前为这位英国贵族而画的时候我震惊了。在四百多年前中国与英国便有这些交流，给我的感觉就像是江苏与埃塞克斯郡之间的文化交流已经存在了几百年一样。"[1]

英国考陶尔德艺术学院（Courtauld Institute of Art）通过制作服装和摄影重新

---

1. 《英伦博物馆之行》，http://cache.baiducontent.com/

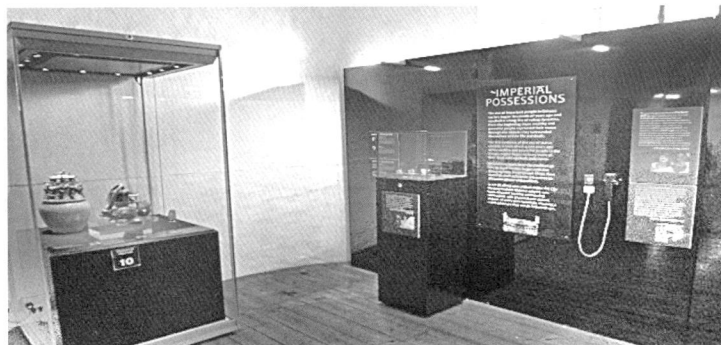

图10-15　英国科尔切斯特城堡博物馆的"中国珍宝"展览
（黄洋 摄）

图10-16　南京博物院
"乔治王时代"中南京学生和她挑选的展品
（采自网络）

诠释世界名画。学生们在博物馆工作人员的指引下，研究藏品，制作服装，进行摄影，形成作品，最后举办展览。

首都博物馆于2015年10月28日推出了"读城——追寻历史上的北京城池"展，它的最大亮点在于邀请了中小学生参与展览的策划、设计和布展（见图10-17）。为了丰富学生们的体验，并使其在展前、展中、展后都能够全程参与，首都博物馆特别策划了与该展览在形式和内容上可互为补充、互相呼应的大型系列互动体验活动"寻城记"。"寻城记"时间段上分展前、展中以及展览后期活动，形式上有学习单、户外参观、专家问答讲座等，此次活动预告的内容仅为展前活动。在展览实施过程中，孩子们用硬纸板折出城砖的模型，用彩笔画出城砖题记，写出自己的思考问题，在博物馆里搭建了一段自己的北京城墙。在展览开幕后，首都博物馆举办各种各样的活动辅助诠释展览。

图10-17　首都博物馆举办的"读城"展
（黄洋 摄）

国外博物馆也有类似案例，如英国伯明翰博物馆与美术馆邀请公众参与诠释社区（见图10-18）。

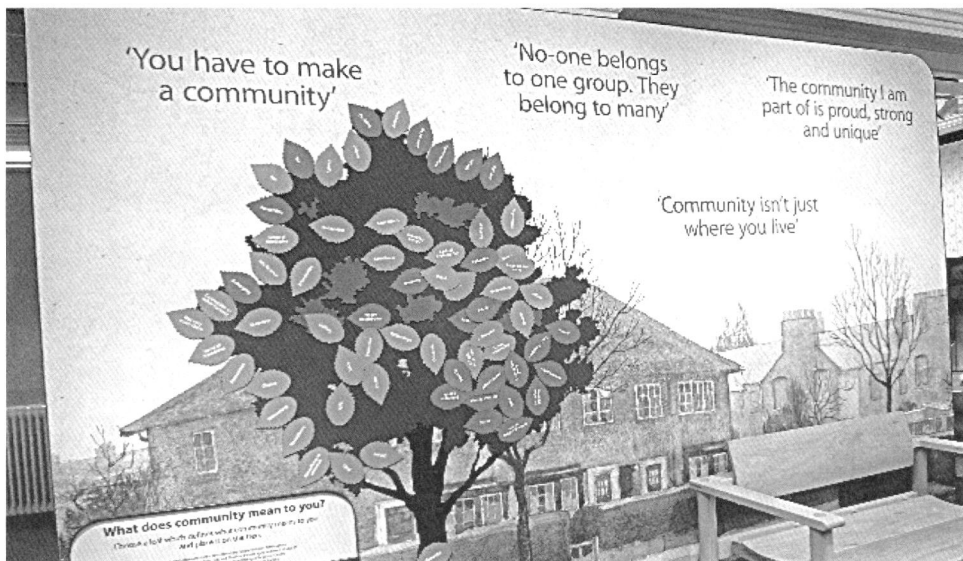

图10-18　英国伯明翰博物馆与美术馆观众参与的"社区意味着什么"展示
（黄洋 摄）

博物馆展示的泛化

一、"博物馆+商业购物中心"

随着社会的发展，传统的博物馆与其他社会机构之间的界限越来越模糊。20世纪80年代以来，一些文化机构、商业空间博物馆化的趋势就已出现。跨入21世纪后，越来越多的文化机构、商业空间关注过去只有博物馆才具备的收藏、展示，甚至科学研究功能，自己收藏或租赁藏品，展览规模或大或小。而"博物馆+商业购物中心"是这种现象的典型代表，博物馆的陈列展览本来就来源于商业橱窗，现在又将这种趋势应用于商业空间。

1. 上海 K11 与北京芳草地等案例

2013年开业的上海K11购物艺术中心隶属于上海新世界淮海物业发展有限公司第一分公司。上海K11坐落于淮海路的黄金地带，地下3层至地上6层，面积约40 000平方米，周围配套设施成熟。秉承品牌"艺术·人文·自然"三大核心元素相融合的核心价值，上海K11全力打造最大的互动艺术乐园，最具舞台感的购物体验，最潮的多元文化社区枢纽，365天不间断的互动活动更将开启K11的创意之旅，令艺术欣赏、人文体验、自然绿化以及购物消费之间产生一体化而微妙的互动作用，为市民及游客带来前所未有的独特五官享受。上海K11购物中心将地下3层设置为专门的艺术空间，还定期举行免费的艺术展览、艺术工作坊、艺术家沙龙等活动，在各个楼层设置艺术家的作品，并配有讲解员。K11将艺术、人文、自然及购物消费相互融合，为大众带来独特购物体验的"博物馆零售"模式（见图10-19、图10-20）。

艺术是北京侨福芳草地最独特的DNA之一，许多独具一格的艺术创作和展示

图10-19　上海K11购物艺术中心公共空间的展示
（黄洋 摄）

图10-20　上海K11购物艺术中心内
面包制作过程的展示
（黄洋 摄）

都呈现在这个空间里，这里重新定义顶级消费与休闲体验，为顾客提供真正充满艺术氛围的理想购物之所（见图10-21）。北京侨福当代美术馆建于2013年3月，位于芳草地D座10楼。侨福当代美术馆是集当代艺术展览、研究与公众教育等功能于一体的非营利性艺术机构，致力于积极推动和参与中国当代艺术的发展和研究。秉持以人为先的理念，实现从过去展览馆"以物为中心"的完美蜕变。关注国内当代核心艺术流派和关键艺术家的同时，也致力于对新锐艺术家的挖掘和发现。在全球化的语境中加大国际间的艺术交流和学术研讨，促进国内外艺术家、艺术机构和艺术活动之间的良性互动，从而树立现代化的艺术视野和搭建国际化的交流平台。B座LG2-33的芳草地画廊主要展示并经营国内及国际当代艺术，并依托自身发展平台发掘具有潜力的青年艺术家。而在芳草地的公共区域，随处可见展示的艺术品，展示包括萨尔瓦多·达利（Salvador Dali）作品在内的艺术作品，仿佛整个商场空间就是一个美术馆（见图10-22、图10-23）。

　　这两个购物中心都开辟专门的空间建设博物馆，并且在整体装饰氛围上借鉴博物馆，不仅售卖商品实物，还将"物"背后的故事、文化内涵呈现出来，消费者在购物的过程中感受到文化的氛围，满足消费者物质生活和精神文化生活的双重需求。目前大多数观点认为两者是艺术主题购物中心，但笔者认为这并不能全面准确概括它们的特点，两者应该是"商业购物中心＋博物馆"和"博物馆＋商业购物中

图10-21　北京侨福芳草地
公共空间展示的艺术品
（黄洋 摄）

图10-22　北京侨福芳草地
公共空间展示的绘画
（黄洋 摄）

图10-23　北京侨福芳草地
画廊
（黄洋 摄）

心"的融合。

2011年，上海杨浦区档案局在杨浦区的商业中心五角场用临时展板的形式举办"穿越百年时空的档案记忆——建党时期沪东党组织卓绝斗争史图片专辑"，在人流如织的五角场商圈，吸引了不少观众参观（见图10-24）。

图10-24 上海五角场商圈举办的"穿越百年时空的档案记忆"展览
（黄洋 摄）

2017年9月16日，一场"奇妙的进化之旅"展览在北京长楹天街商场拉开了序幕，此次展览是由中国古动物馆和龙湖长楹天街合作举办的一场科普展览，也是中国古动物馆的首次商业科普展览（见图10-25）。此次展览有三大巨型恐龙主题展区、从鱼到人九大知识展区、小·达尔文试验站、科学大讲堂四大主题展区。对商场而言，举办这样的科普展览可以获得巨大的经济效益和良好的社会效益。通过满额消费送"化石修复"体验活动，商场获得丰厚的商品销售额。众多观众来到商场参观展览、参与活动，也带动了商场餐饮、百货等方面的消费。同时新颖的活动方式也让龙湖长楹天街在众多同行中脱颖而出，消费者对该商场印象良好。对中国古动物馆而言，商场支付的费用弥补了博物馆自身经费的不足，为博物馆的发展，特别是为基础设施建设奠定了良好的经济基础。另外，也有越来越多的公众开始了解并关注中国古动物博物馆，增强了博物馆的品牌价值。

除此外，上海环球港、巴黎老佛爷百货奥斯曼旗舰店（Galeries Lafayette Haussmann Flagship Store）、东京的三越、西武百货公司等都开始了"博物馆＋商业

图10-25 "奇妙的进化之旅"
展览宣传海报
（采自网络）

购物中心"的实践。有些商业空间也举办临时性的艺术展览。如香港中环置地广场
2014年3月21日至4月4日为观众带来一场别开生面的艺术创意之旅——空中艺术
展。展览以悬挂于空中的三重视角方式，展出萨尔瓦多·达利的《燃烧的女人》雕
像，韩辛的《万丝疏影》《梳扫金黄》及《晴湖镜碧》，韩志勋的《宇缘一：冷雨》
和《宇缘四：速雷》，以及HongVietDung的《曙光初现》和《宁静致远》。这些顶
级艺术作品不但突显置地广场内零售空间的独特个性，更对推动香港艺术发展有着
重大的贡献。

2."博物馆+商业购物中心"的思考

旧式的19世纪的博物馆看上去有点像商店……你可以到那里去看不同的价值
观和思想，而逛商店正在成为20世纪后期的一种重要的文化体验，两者正在混合。
所以，你可以看到博物馆变得越来越商业化，而商店则变得更具智慧以及更富文化
意味[1]。确实如此，文章上叙述的博物馆和商业购物中心的转变不谋而合，也促成了
它们的跨界融合。目前所见的叫法有"博物馆化的商业空间"[2]、"博物馆陈列商业空
间"[3]、"博物馆型商场"[4]、"博物馆式商场或商场式博物馆"等。黄光男将此现象称为
"类博物馆"，认为百货公司博物馆化的目的是提升"生意"的文化性，加强美感浓

1. Robert Hewison, *The Heritage Industry*. London: Methuen, 1987, pp.139.
2. 师高民主编：《商业办公空间设计》，科学出版社，2011年，第16页。
3. 周长亮、李远编著：《商业空间设计》，中国电力出版社，2008年，第109页。
4. 周思立：《博物馆型商场将亮相淮海路》，《解放日报》，2010年4月18日第A11版。

度，感应生活动力，此乃服务品质精确的保证[1]。

"博物馆+"不是简单的算术题，不是说"+博物馆"这三个字，就能升级成"博物馆+"。当然，博物馆与商业购物中心最开始的跨界融合就是"商业购物中心+博物馆"的方式，也可称作"商业购物中心里的博物馆"，即在商业购物中心的某一专门的特定空间开设博物馆。"博物馆+商业购物中心"是更广范围、更深程度、更高层次的跨界融合创新，就是把博物馆的部分功能、博物馆的创意创新融入商业购物中心，而且创造出新的商业形态，形成新的消费亮点、热点、兴奋点，激发大众的消费欲望和热情。可以说，"博物馆+"为商业购物中心的发展注入博物馆内核、博物馆元素、博物馆细胞和博物馆支撑，为商业购物中心的发展开辟了新空间。这并非简单的博物馆型或博物馆化能够涵盖的。

二、非博物馆空间的展示

随着博物馆内涵与外延的扩展，传统上认为必须要在展厅中进行的展示逐渐开始打破博物馆的束缚，在公共空间举办展览。可以说，将博物馆的展厅搬到了机场、地铁站、餐厅、酒店等，让更多的人群在候车、坐车、吃饭、住宿的时间里观看博物馆的展览，这应该也是扩大博物馆公共文化服务对象的一个途径。

1. 博物馆在公共交通中心举办的展览

机场、高铁站、地铁站这些公共交通中心空间开放、人流密集、参观自由，是展示城市文化精神、彰显城市气质和魅力、提升城市活力和文化品位的重要场域。博物馆尝试走进公共交通中心，与交通中心合作，通过展览的方式传播城市文化。同时，这些社会公共空间以文化为载体，积极开拓，创新服务。

2016年1月11日，中国航海博物馆"浦江故事"展览在虹桥枢纽站开幕，供旅客免费参观。虹桥综合交通枢纽是一个集高速铁路、城市轨道和地面交通与航空港三位一体的国际化大型综合交通汇聚点。"浦江故事"展览主要讲述了上海自

---

1. 黄光男：《博物馆现象与对应》，《博物馆学季刊》，2008 年第 1 期，第 21—29 页。

开埠以来，黄浦江上往来船只的历史变迁，这些已然是上海100多年港口发展的缩影。展览利用图文生动展示了上海与航海、上海与港口之间的紧密联系。上海自1843年开埠以来，仅用10年时间取代广州成为中国第一大内外贸易港口。而自20世纪90年代起，随着港口的扩建和外迁，上海成长为世界级的港口与航运城市。沙船云集的黄浦江，外白渡桥的倒影，十六铺码头的喧闹，往来轮渡的汽笛声，黄浦江与码头烙印在这座城市的记忆中，彻骨入髓，以其丰富的历史与文化内涵给予上海独特的魅力和风情。而现如今的浦江两岸也开始从仓库码头演变成兼具观光、游览、航运功能的黄金水岸，继续传承着上海的文化与历史记忆。后来中国航海博物馆还在虹桥火车站与2号航站楼的通道里举办了"造物寄情——馆藏航海民间艺术展"，通过临时展板的形式让观众对展览有了初步印象，从而吸引有兴趣的观众到中国航海博物馆实地参观（见图10-26）。

图10-26 中国航海博物馆在虹桥枢纽举办的"造物寄情"展览
（黄洋 摄）

2016年8月，徐汇区文化局与上海地铁公共文化发展中心共同打造"徐家汇地铁文化艺术长廊"，位于地铁1号线徐家汇站5号口和7号口之间的"徐家汇与海派文化渊源"陈列展线总长约48米。徐汇区历来是开科技传播、文化交流风气之先的地方。前有"衣被天下"的黄道婆，被联合国教科文组织称为"世界级的科学家"；后有明代文渊阁大学士徐光启，致力于会通中西、科技富民，身后归葬此地，后裔聚族而居，缔造"徐汇"之名。紧随徐光启之后，历史上的徐家汇宗教文化建筑群聚集，堪称远东地区最具规模、最全设施，至今仍闪耀中西文化碰撞融合的奇光异彩。徐家汇藏书楼、博物院、观象台，徐汇公学、类思小学、震旦学院、启明女校、大小修院、徐家汇天主堂、土山湾……这些文化教育机构的绵延，成就了徐家汇的文脉传承。图文展板、海报、古籍、银烛台等在玻璃大通柜中进行展示，让朝九晚五必经此地的上班族，还有碰巧路过的乘客感受徐家汇的文化魅力。地上是徐家汇的现实版，地下长廊追溯百年前的旧影。上下合体，互为索引，匠心独具（见图 10-27）。

图10-27　上海徐家汇地铁站2016年的"徐家汇与海派文化渊源"展览
（黄洋 摄）

　　2017年"世界读书日"来临前夕的4月22日，"书之爱——巴金与书图片文献展"也在这里开幕。展品均由巴金故居提供，展出内容包括巴金先生的手写购书单、独家手绘肖像、《随想录》部分手稿，以及巴金收藏的《说部丛书》《屠格涅夫作品与书信全集》和1928年购于巴黎塞纳河畔的英文版《往事与随想》等珍贵藏品。这样利用地铁站人流量大、观赏人群多样的特点，将名人故居中因场地限制无法全部展出的藏品转移至轨交站点，既能使珍贵史料重见天日，又能让无暇专程参观文博场馆的市民有机会接触人文历史，同时消除日常工作、上下班通勤带来的压力（见图 10-28）。

2. 室外公共空间的展示

　　英国利兹的街头有 wecommunic8 创造的"街头美术馆"（Street Gallery），让民众在街头走路时也可以欣赏美术作品展示（见图 10-29）。

图10-28　上海徐家汇地铁站2017年的"书之爱"展览
（黄洋 摄）

图10-29　利兹的"街头美术馆"
（黄洋 摄）